I0198320

DE *Kostbare* ONTMANTELING

Copyright © 2025 door Martijn van Tilborgh

Uitgegeven door Unorthodox Resources

Alle rechten voorbehouden. Geen enkel deel van dit boek mag worden verveelvoudigd, opgeslagen in een geautomatiseerd gegevensbestand of openbaar gemaakt in enige vorm of op enige wijze – elektronisch, mechanisch, door fotokopieën, opnamen, scans of anderszins – behalve in het geval van korte citaten in kritische recensies of artikelen, zonder voorafgaande schriftelijke toestemming van de auteur.

Tenzij anders aangegeven, zijn alle Bijbelcitaten afkomstig uit de Herziene Statenvertaling (HSV),®. Uitgegeven in 2010 door Stichting Herziening Statenvertaling. Gebruikt met toestemming. Alle rechten voorbehouden.

Voor buitenlandse en subsidierechten kunt u contact opnemen met de auteur.

Omslagontwerp door: Joe DeLeon

ISBN: 978-1-969062-01-8   1 2 3 4 5 6 7 8 9 10

Gedrukt in Nederland

DE
Kostbare
ONTMANTELING

Hoe religie loslaten je dichter
bij God kan brengen

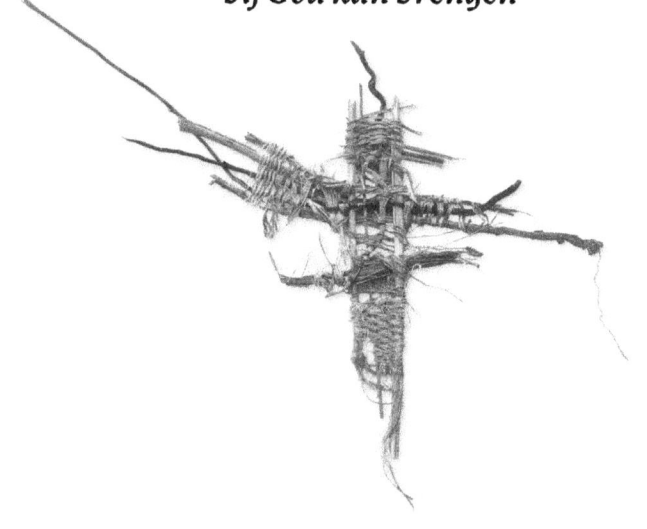

Martijn van Tilborgh | Jason Clark | Dr. Matthew Hester
Steve Chalke | David de Vos | Allison van Tilborgh-Martinous
W. Paul Young | Channock Banet | Tullian Tchividjian | Joyce de Vos
Dr. C. Baxter Kruger | Dr. Cory Rice | Keith Giles | Jamie Englehart

Inhoudsopgave

JOUW UITNODIGING: DOOR MARTIJN VAN TILBORGH..13

HOOFDSTUK 1. HET VERBREKEN VAN DE ILLUSIE
VAN SCHEIDING: DOOR JASON CLARK 21

HOOFDSTUK 2. WAT DOEN WE MET DE GEWELDDADIGE GOD?:
DOOR DR. MATTHEW HESTER...................41

HOOFDSTUK 3. DEGENEN DIE WE HEBBEN BUITENGESLOTEN:
DOOR STEVE CHALKE, MBE, FRSA 61

HOOFDSTUK 4. EERLIJK TEGENOVER GOD:
DOOR DAVID DE VOS.............................77

HOOFDSTUK 5. LEIDEN WANNEER DE WERELD OP ZIJN
KOP STAAT: DOOR ALLISON VAN TILBORGH-
MARTINOUS, MTS 89

HOOFDSTUK 6. FUTURE-TRIPPEN: DOOR W. PAUL YOUNG.. 111

HOOFDSTUK 7. DE KERK HERONTDEKKEN:
DOOR CHANNOCK BANET.................... 125

HOOFDSTUK 8. BLOEDVERGIETEN EN GENADE:
DOOR TULLIAN TCHIVIDJIAN 137

HOOFDSTUK 9. LIEFDE ZONDER GRENZEN:
DOOR JOYCE DE VOS........................... 151

HOOFDSTUK 10. LIEFDE'S LAATSTE "NEE" EN EEUWIGE "JA":
DOOR DR. C. BAXTER KRUGER 163

HOOFDSTUK 11. VOLMAAKT OP Z'N KOP:
DOOR DR. CORY RICE 187

HOOFDSTUK 12. HET PLEIDOOI VOOR UNIVERSEEL HERSTEL:
DOOR KEITH GILES 203

HOOFDSTUK 13. VRAGEN, VRAGEN, VRAGEN:
DOOR JAMIE ENGLEHART 223

TOESTEMMING OM TE DWALEN:
DOOR MARTIJN VAN TILBORGH 231

Jouw Uitnodiging

De onbekende kanten van God leren kennen

Door Martijn van Tilborgh

Na veertig jaar rondzwerven door de woestijn ontmoette Mozes God bij de brandende braamstruik. Het laatste waar hij aan dacht, was terugkeren naar Egypte — een land dat voor hem symbool stond voor diepe trauma's die hij na lange tijd uiteindelijk achter zich had kunnen laten. Dat hoofdstuk had hij lang geleden afgesloten!

Toch zou deze bovennatuurlijke ontmoeting hem dwingen om zijn demonen onder ogen te zien en zijn volk uit de slavernij te bevrijden. Mozes was echter verward door de hele situatie. Hij had twee grote vragen die beantwoord moesten worden voordat hij deze missie aan durfde gaan:

1) "Wie ben ik?" (Exodus 3:11)

2) "Wie bent U?" (Exodus 3:13)
Mozes was onzeker over zichzelf en over zijn vermogen om de taak te volbrengen. Om te beginnen was hij geen groot spreker. Hij had de afgelopen veertig jaar nauwelijks nog gesproken terwijl hij schapen hoedde in de woestijn. Bovendien was hij niet bepaald enthousiast om 'het woord van de Heer' te brengen aan de man die hem praktisch had opgevoed — zeker niet aangezien zijn boodschap allesbehalve bemoedigend was.

Hoewel hij onzeker was, verzekerde God hem dat hij de juiste man voor de opdracht was. Hij gaf Mozes een praktische oplossing voor zijn spraakgebrek door zijn broer Aäron als zijn 'spreekbuis' aan te wijzen en rustte hem toe met enkele 'trucs' om zijn geestelijk gezag te demonstreren.

De tweede vraag was moeilijker te beantwoorden. "Wie bent U? Wat is Uw naam?"

Enerzijds kon Mozes niet ontkennen dat de geestelijke ervaring bij de struik echt en transformerend was geweest. Tegelijkertijd twijfelde hij aan de identiteit van deze God die hem uitzond op wat een zelfmoordmissie leek te zijn. Hij voelde zich niet in staat om duidelijk te articuleren wie hem nu eigenlijk zond. En dat is begrijpelijk!

Mozes groeide op in omstandigheden die de meesten van ons op z'n minst geestelijk schizofreen zouden hebben gemaakt.

Om te beginnen werd hij opgevoed door drie verschillende 'ouders' en culturen die elk andere goden dienden.

» Allereerst waren daar zijn biologische ouders. Hoewel, hij verhuisde al voordat hij oud genoeg was om echt te begrijpen wie nu die God van Abraham, Isaak en Jakob was.

» In het huis van de farao werden veel goden vereerd waarvan Ra, de zonnegod, de belangrijkste was. Als jongeman kreeg Mozes ingeprent dat je maar beter op goede voet met Ra kon blijven, want anders! Dus de strijd aangaan met die god om zijn volk vrij te krijgen was bepaald geen kleine opdracht.

» Door een reeks ongelukkige gebeurtenissen belandde Mozes uiteindelijk in de woestijn, waar hij Jethro ontmoette, de priester van Midian, die hem in zijn familie opnam. Je zou kunnen zeggen dat Mozes een 'ongelijk span' aanging door te trouwen met de dochter van deze vreemde religieuze figuur. Ik weet niet precies wat een priester van Midian precies geloofde, maar het klinkt niet bepaald 'christelijk'.

Vanuit de context van zijn opvoeding was de vraag "Wie moet ik zeggen die mij gezonden heeft?" heel begrijpelijk. Mozes had in de loop der jaren heel wat verschillende goden leren kennen waardoor hij zich afvroeg met wie hij nu eigenlijk sprak.

En nu komt het: Het antwoord dat God gaf over Zijn identiteit was verbijsterend en diepzinnig.

In vers 14 zei God: *"Zeg tegen hen: IK BEN DIE IK BEN heeft mij tot u gezonden!"* (In sommige vertalingen: "Ik zal zijn die Ik zijn zal")

Wauw, kun je een vager antwoord bedenken dan dat? Echt waar? "Ik ben die Ik ben"? Is dat Uw beste antwoord? Kom op zeg! Geef me iets meer!

Als je het hele verslag van Mozes' roeping leest, merk je dat God de details over Zijn identiteit niet verder invulde. Het antwoord bleef erg vaag en op z'n best onpraktisch. God zei eigenlijk dat Mozes zich niet te druk hoefde te maken om de details. Hij zou gewoon "zijn die Hij zou zijn", terwijl Mozes aan zijn opdracht begon.

Het enige tastbare dat God Mozes meegaf, was de verzekering dat Hij dezelfde God was van zijn vader — de God van Abraham, Isaak en Jakob (zie Exodus 3:6).

> *Hoewel God niet verandert, verandert onze perceptie van wie Hij is voortdurend.*

Dat nam Mozes in ieder geval mee uit zijn brandende braamstruik-ervaring: De God van zijn voorouders was dezelfde God die zojuist tot hem gesproken had.

Maar wat betekende dat allemaal? "Ik ben die Ik ben", het blijft nogal open, nietwaar?

Toen ik hierover nadacht, leerde ik drie dingen:

1) **We zijn allemaal op reis.**

Hoewel God niet verandert onze perceptie van Hem voortdurend. Dit geldt zowel voor ons als individuen als voor de mensheid als geheel. Door de geschiedenis heen heeft God de mensheid keer op keer verrast met wat lijkt op een voortgaand proces van progressieve openbaring van de waarheid en van Zijn natuur.

Kijk bijvoorbeeld naar Exodus 6:2 (HSV) *"Ik ben aan Abraham, Izak en Jakob verschenen als God de Almachtige, maar met Mijn Naam HEERE ben Ik hun niet bekend geweest."* Blijkbaar kon God één aspect van Zichzelf openbaren, terwijl een ander deel verborgen bleef voor die generatie. In dit geval kende ze God als 'de Almachtige' maar de naam 'Heere' was nog onbekend voor ze. Voor Abraham betekende 'God de Almachtige' precies wie God voor hem was. De Schepper van alle dingen, alles behoort Hem toe. Er viel echter veel méér te weten over God maar dat bleef nog verborgen voor hem.

Jaren later staat Mozes op het punt dat een 'beetje méér over God' aan hem geopenbaard wordt. Door Zichzelf Yahweh te noemen ("Ik ben die Ik ben"), gaf God aan dat er meer te ontdekken viel — dingen die voorheen verborgen waren gebleven. In plaats van alles in één keer uit te leggen, nodigde God Mozes uit op een reis van ontdekking.

Ook wij bevinden ons midden in datzelfde proces (Jesaja 46:10).

2) God laat Zich niet definiëren.

Door de eeuwen heen hebben velen geprobeerd God te definiëren. Zelfs de Schrift is herhaaldelijk gebruikt om de 'anatomie van het Goddelijke' te ontleden.

Maar Jezus zei: *"U onderzoekt de Schriften, want u denkt daardoor eeuwig leven te hebben, en die zijn het die van Mij getuigen. En toch wilt u niet tot Mij komen opdat u leven hebt"* (Johannes 5:39-40, HSV).
De Bijbel wijst ons de weg, maar kan God niet in z'n geheel definiëren. Het is een lamp die de richting verlicht. De Bijbel is te klein. Er is zoveel méér.
Johannes zegt het in zijn evangelie: *"En er zijn nog veel andere dingen die Jezus gedaan heeft. Als die ieder afzonderlijk beschreven zouden worden, dan zou, denk ik, de wereld zelf de geschreven boeken niet kunnen bevatten"* (Johannes 21:25, HSV).
Wie God is, valt altijd buiten onze kaders. En dat creëert een relatie waarin er nog onduidelijkheden zijn.

3) **God van het verleden. God van het heden. God van de toekomst.**

In Openbaring 4:8 lezen we over *"de God die was, die is en die komt."* Dit betekent niet dat God verandert, maar dat ónze kijk op Hem verandert.

» De God die was. Hij verraste Abraham, Mozes en de profeten steeds met een nieuw facet van Zijn wezen.

» De God die is. Wat toen geopenbaard werd, vormt vandaag de basis van ons geloof.

» De God die komen zal. Dit is de grootste uitdaging: De zoektocht naar nieuwe openbaringen van wie God nog meer is — voorbij onze huidige inzichten.

Zoals Mozes, nodigt God ons uit op een reis. Een reis waarop Hij Zijn Koninkrijk wil openbaren op aarde zoals in de hemel — een Koninkrijk van gerechtigheid, vrede en vreugde! Ja, God is alles wat wij ooit geloofd hebben dat Hij was en alles wat wij nu geloven dat Hij is. Maar dat is nog maar het begin!

Dit boek is een uitnodiging om deel te nemen aan diezelfde reis — om met open handen en een nieuwsgierig hart het onbekende binnen te stappen. Net als Mozes bij de brandende braamstruik zul je misschien niet direct alle antwoorden krijgen. Maar je zult wel dieper getrokken worden in het mysterie van Degene die was, die is en die komt.

Mijn gebed is dat je tijdens het lezen niet alleen over Hem leert, maar Hem ook werkelijk ontmoet — en dat deze reis je blik op de God die zich niet laat opsluiten, volledig zal veranderen.

HOOFDSTUK 1

Het Verbreken van de Illusie van Scheiding

Waar liefde het fundament is

Door Jason Clark

EEN HEEN EN WEER BEWEGENDE GOD?

*D*ie ventilator was het middelpunt van ons universum — ons genot en onze kwelling, onze beloning en ons straf. Voor de paar seconden dat de lucht mijn klamme, vermoeide huid streelde, wist ik tot in het diepste van mijn wezen dat God goed was, en dat ik geliefd was. "O God", zuchtte ik verrukt.

Toen draaide dat vervloekte ding weer verder en begon ik te twijfelen. "O God", riep ik opnieuw, dit keer met wanhoop in mijn stem.

Het was de achtste dag van een dertien daagse zendingsreis naar de Filipijnen met een klein groepje christenen. Vijf van ons – de jongens – lagen op de bovenste verdieping van een blikken hut van twee verdiepingen hoog, die naast een vulkaan stond. Ja, we lagen op een actieve warmtebron – voor het geval de natuurlijke hitte nog niet genoeg was.

En het was heet!

De Filippijnen zijn de heetste, meest vochtige plek waar ik ooit geweest ben. New Orleans in juli haalt het niet bij die verstikkende hitte. Het was onwerelds, meedogenloos en uitputtend.

"O God" — er ligt een universum van betekenissen in die woorden. "O God", heb ik gezegd op de goede momenten en op de slechte momenten, maar de eerste dertig jaar van mijn leven zei ik het alsof God als heen en weer bewegende ventilator was.

Begrijp me niet verkeerd. Ik wist die eerste dertig jaar dat God van me hield, zoals ik wist dat de zon zou opkomen. Ik wist dat God goed was. Maar helaas werd dat brandende weten in mijn hart vaak tegengesproken door wat mij op zondagsochtend, woensdagavond, en op allerlei andere momenten door goedbedoelende, in plaatsvervangende straf gelovende, predikers werd onderwezen.

Gedurende het grootste deel van mijn leven, werd Gods goedheid vanaf de meeste kansels voorgesteld als een ventilator die heen en weer beweegt. God was altijd goed, zelfs als Hij dat niet was.

God was goed, maar Hij stuurde ook beren om kinderen te verscheuren (2 Koningen 2:24), Hij veranderde vrouwen in zout terwijl Hij zwavel en vuur op hele steden liet neerregenen (Genesis 19:23-26), Hij beval engelen om baby's te doden (Exodus 12:23) en natuurlijk is er het boek Job, waarin God een dodelijke weddenschap met de duivel lijkt te hebben gesloten.

Voor het grootste deel van mijn leven was Gods goedheid dualistisch — zowel beloning als straf. Als gevolg daarvan worstelde ik de eerste dertig jaar met veel verwarrende boodschappen van sprekers die de goedheid van God, met de bijbel in de hand, zo konden manipuleren dat het bijna alles kon betekenen. En als ik me niet kon vinden in hun straffende interpretatie, dan was dat waarschijnlijk omdat ik gewoon niet genoeg geloof had.

Achteraf gezien lag het probleem niet bij de mate van mijn geloof. Het probleem lag bij de bril waardoor ik keek die mijn Godsbeeld bepaalde.

Die bril, dat was 'verzoening door voldoening', de verzoeningstheorie gebaseerd op plaatsvervangende straf. En er is geen christen in het Westen die niet het verpletterende gewicht van deze theorie van verlatenheid heeft gevoeld.[1]

DEREK TURNER: DE STRAF VOORBIJ

"Het kruis gaat niet over straf of toorn maar over liefde", zei Derek.

---

[1] Jason Clark, fragmenten uit *Leaving and Finding Jesus* (in eigen beheer uitgegeven, A Family Story, 2022).

Derek is een goede vriend en een paar jaar lang mijn co-host van de podcast. Ik hou van Derek. Hij is een voorganger tot in zijn botten, heeft een groot hart en weet theologische knopen te ontwarren terwijl hij geworteld blijft in compassie en vriendelijkheid.

Derek heeft een onwankelbare toewijding aan de Waarheid die mensen vrijmaakt. Ik beschouw het als een voorrecht om van hem te leren en met hem op te trekken.

Af en toe hadden we een gesprek zonder gast waarin we ons gewoon lieten inspireren door de liefde van God. Een van mijn favoriete discussies vond plaats toen we elkaar probeerden te overtreffen met de prachtige ontdekking dat het kruis helemaal niet het transactionele, zonde-gefocuste horrorverhaal was waarmee we waren opgegroeid.

Ja, we hadden het over verzoening door voldoening. Je kent het wel.

Deze verzoeningsleer suggereert dat zonde de mensheid van God scheidt. In dit beeld keert de mens zich door rebellie van God af, en God, in Zijn heiligheid, keert Zich van de mens af omdat Hij niet naar zonde kan kijken. Het kruis wordt dan een transactie waarin Jezus de straf voor onze zonde draagt waardoor Gods toorn bevredigd wordt en Hij de mensheid kan vergeven als wij ons bekeren. Dit perspectief benadrukt scheiding, vergelding en voorwaardelijke verzoening. En dat is wat de meesten van ons kennen.

Maar het herstellende evangelie waar velen voor ontwaken? Dit drie-enige goede nieuws van eenheid? Het vertelt een ander verhaal — het oorspronkelijke. Wanneer de mensheid zondigt en zich van God afkeert, keert God zich niet af. In plaats daarvan beweegt Hij naar ons toe terwijl Hij onvermoeibaar verzoening nastreeft. In Jezus stapt God in de gebrokenheid van de mensheid, draagt Hij het gewicht van de zonde en ontmantelt Hij de leugen van scheiding. Het openbaart dat God ons nooit verlaat, zelfs niet in onze donkerste momenten.

Ben je een beelddenker?, dan raad ik je aan om Brad Jersaks 'The Gospel in Chairs' te bekijken. Daarin plaatst hij de bestraffende afstand van de plaatsvervangende straf tegenover de helende nabijheid van eenheid.[2] Het verandert alles. Maar terug naar mijn gesprek met Derek.

Dit evangelie omschrijft het goede nieuws als een boodschap van eenheid, niet van scheiding. Het nodigt ons uit te leven in de waarheid dat we toebehoren aan een Vader die altijd vóór ons is, wiens goedheid en liefde alle dingen transformeert en herstelt. "Het kruis ging er niet om dat God een transactie nodig had (om dicht bij ons te zijn)", zei Derek, terwijl hij zich vooroverboog. "Het ging erom dat Jezus in ons verhaal stapte, in onze gebrokenheid, en ons liet zien dat we nooit gescheiden waren."

Daarna deelde Derek de zin die ik al eerder heb genoteerd. Een zin die hij trouw herhaalt in elke podcast die we samen hebben gemaakt. En wanneer hij er niet bij is, zoals in de aflevering met John Crowder, doe ik mijn

---

2 Brad Jersak, "Brad Jersak – Het Evangelie in Stoelen – Sessie 1," gefilmd op 29 juni 2017 tijdens de Forgotten Gospel Conference, 29:47, YouTube, https://www.youtube.com/watch?v=N7FKhHScgUQ&t=3s.

best om hem te citeren — "God werd één van ons om ons allemaal te redden."³

Dat idee werd verder uitgediept in mijn gesprek met Crowder, waarin de ontmanteling van de plaatsvervangende straf en de herontdekking van een evangelie dat gecentreerd is op eenheid, door elke vezel van mijn wezen trilde!

JOHN CROWDER: HET PROBLEEM MET PLAATSVERVANGENDE STRAF EN EEN HERSTELD EVANGELIE

John Crowder is een vriend geworden. Hij is de ultieme 'Tambourine Man' en hij speelt al lange tijd prachtige, ontregelende ritmes. Ik ben dankbaar voor hem en zijn moedige zoektocht naar het goede nieuws. John zet aan tot nadenken, hij is grappig en oneerbiedig op de allerbeste manieren. En hij is een meester in het aanpakken van angst-gebaseerde theologie.

> *Jezus redde ons niet van een boze God. Jezus is God die ons redt.*

Elk woord van John nodigt uit tot een Christus-gecentreerde boodschap van liefde, inclusie

---

3 Jason Clark en Derek Turner, hosts, *Rethinking God with Tacos*, podcast, bewerkte fragmenten uit "Het Kruis," 6 januari 2021, https://www.youtube.com/watch?v=OmuvBv_sQSM.

en kosmische verzoening, en er zijn maar weinig mensen die de plaatsvervangende straf verzoeningsleer beter kunnen ontmantelen dan hij. Maar ons gesprek ging niet alleen over deconstructie; het ging over herontdekking en herbouwen — op Jezus, de hoeksteen.

"Dank God . . . Baxter Kruger bracht dit decennia geleden al onder de aandacht", zei John zonder tijd te verspillen. "Jezus redde ons niet van een boze God. Jezus is God die ons redt."

Jarenlang heeft de 'de plaatsvervangende straf verzoeningsleer' een beeld geschilderd van een verdeelde Drie-eenheid: Een toornige Vader die tevreden gesteld moest worden door het lijden van Zijn Zoon. Maar zoals John uitlegde, klopt dit niet met de God die in Jezus geopenbaard wordt. "Gods liefde begon niet aan het kruis —het werd daar geopenbaard." John vervolgde: "Jezus redt ons niet van God. Jezus is God, die ons redt van zonde, dood en de illusie van scheiding. . . . Jezus herstelde niet Gods beeld van ons; Hij herstelde ons."

Hoe kunnen we een God vertrouwen die Zijn eigen Zoon moet straffen voordat Hij van ons kan houden?

De gevolgen van deze verschuiving zijn diepgaand. Het kruis wordt niet langer gezien als een rechtszaaldrama, maar als een kosmische daad van verzoening. Ik voegde mijn kritiek op de plaatsvervangende straf daaraan toe, waarbij ik de relationele schade benadrukte die dit kan veroorzaken. "Als de enige manier om mensen in relatie met God te brengen is door hen bang te maken, dan is het geen goed nieuws meer." Ik vervolgde: "Hoe kunnen we een God vertrouwen die Zijn eigen Zoon moet straffen voordat Hij van ons kan houden?"

Maar dat is waarmee wij opgegroeid zijn — een op scheiding en angst gebaseerde theologie die de boodschap van de Westerse Kerk generaties lang heeft gevormd.

Dit angst-gebaseerde raamwerk vertekent ook ons begrip van oordeel. "Betekent dit dat God geen toorn heeft?" vroeg John, anticiperend op tegenreactie. "Absoluut niet. Maar er is een verschil tussen de toorn van een vader en de toorn van een beul. Zelfs Gods toorn is een facet van Zijn liefde. Het is gericht tegen de ziekte van de zonde die Zijn kinderen vernietigt, niet tegen Zijn kinderen zelf." Deze herdefinitie van toorn — niet als straf, maar als zuiverend — nodigt ons uit om Gods gerechtigheid te zien door de bril van liefde, als herstellend.

Terwijl het gesprek vorderde, kwam het begrip over verzoening in de vroege kerk centraal te staan. "De eerste 500 jaar van het christendom werden gedomineerd door theologen die redding zagen als een kosmische overwinning", legde John uit. "Gregorius van

Nyssa, Origenes, Athanasius — deze mannen predikten geen God die bloed nodig had om Zijn toorn te stillen. Ze predikten een God die, door Christus, de hele schepping met Zichzelf verzoende."

Dit herstel van de theologie van de vroege kerk verandert radicaal hoe wij Gods karakter begrijpen. "Als God liefde is", zei John, "dan kan Hij niet buiten die liefde handelen. Zoals George MacDonald schreef: 'Liefde bemint tot reinheid'. En dus is het vuur van God niet iets om bang voor te zijn, maar om te omarmen. Het is juist het vuur dat geneest."

Het Westen is opgegroeid met plaatsvervangende straf, met scheiding, en dus werd het kruis gezien als een transactie, een uitwisseling om een toornige God tevreden te stellen. Maar het kruis ging niet over het stillen van Gods woede — het ging over het genezen van de mensheid.

"Het grootste probleem hier in de Westerse Kerk", zei John, "is dit denken in scheiding. Het idee dat er afstand is tussen ons en God, dat Jezus die kloof moet overbruggen omdat de Vader ons niet eens kan aankijken. Maar dat is een leugen."

John spaarde zijn woorden niet in zijn kritiek op het idee dat Jezus stierf als plaatsvervanger om Gods straf te dragen voor onze zonden. "Het idee dat de Vader Zich tegen de Zoon keert, dat Jezus de zondebok is van Gods toorn . . . het wordt gepredikt als evangelie, maar het is dat niet", zei hij ronduit. Ik kan je niet uitleggen hoeveel ik hou van Johns directheid. Het is de waarheid die ons vrijmaakt.

John wees op het ergste aan de plaatsvervangende straf — dat het de Drie-eenheid verkeerd weergeeft door een illusie van verdeeldheid te creëren. "Wat er aan het kruis gebeurde, was niet dat de Drie-eenheid implodeerde", legde John uit. "Jezus betaalde geen donkere kant van God af. Hij repareerde Gods beeld van de mensheid niet. Hij genas de mensheid zelf." "Zo is het!", zei ik.

En dat deed hij. "Jezus was de mensheid aan het genezen. Hij genas onze menselijke conditie", zei hij, terwijl hij het kruis omschreef als een daad van verzoening. "Hij stapte in de diepten van ons verval, zoog het in Zichzelf op en trok ons er aan de andere kant weer uit als een nieuwe schepping."

Het is een perspectief dat alles uitdaagt in hoe we zonde, oordeel en Gods rol in onze redding zien. "We hebben van het kruis een rechtszaaldrama gemaakt, waarin God de rechter is, Jezus de advocaat, en wij terechtstaan", zei John. "Maar de waarheid is: Het kruis is een ziekenhuis, geen rechtszaal. Het is waar Jezus ons geneest, niet waar God ons veroordeelt."

Deze herdefiniëring legt de transactionele taal bloot die vaak doordringt in het Westerse christendom. "Religie bouwt een hele industrie op rond het concept van scheiding", merkte John op. "Het houdt mensen in een constante staat van streven, wanhoop en onzekerheid, altijd bezig om 'dichter bij God te komen'. Maar eenheid betekent dat er geen afstand meer te overbruggen is. Jezus heeft ons al in de volheid van relatie met de Vader gebracht." Johns gedachten deden me denken aan de woorden van mijn vriend en podcastgast Carlos Padilla: "Jezus kwam niet om een nieuwe religie te beginnen. Hij kwam om religie te beëindigen."[4] Man, dat is goed!

Mijn hart brandde; dit is het evangelie waar ik al jaren steeds zekerder van word en John heeft een manier om het zo te verwoorden dat we vrijgemaakt worden.

Als Jezus perfecte theologie is, dacht ik, dan is eenheid perfecte theologie. Plaatsvervangende straf is gebaseerd op scheiding, maar het evangelie is eenheid. Het gaat om een God die altijd met ons is geweest, altijd in ons is geweest, ons altijd heeft liefgehad en altijd heeft gewerkt om ons te genezen. En wij ontwaken voor realiteit — dit volbrachte werk.

Johns kritiek nodigt ons uit om de schoonheid, diepte en kracht van het kruis opnieuw te ontdekken. Het is geen transactie om een verre God te behagen. Het is de ultieme daad van liefde van een God die onze illusie van scheiding is binnengestapt en een Liefde heeft geopenbaard die nooit verlaat.

C. BAXTER KRUGER: EEN DRIE-ENIGE LIEFDESGESCHIEDENIS

Ik weet dat Baxter vroeg in dit boek al flink aan bod komt, maar voor mij is hij een van de fundamentele

---

[4] Jason Clark en Derek Turner, hosts, *Rethinking God with Tacos*, podcast, bewerkte fragmenten uit "Carlos Padilla / Wandelen in Gods kracht," 5 mei 2021, https://www.youtube.com/watch?v=WSnC9SiBiIs&list=PLgimV9UoSbAIbXX447Gu_5-kGpLAO_eJO&index=146.

stemmen die deze grotere Liefde, dit Drie-enige goede nieuws, verkondigt.

Dus pak je stoel erbij en houd je vast; dit wordt alleen maar beter!

In mijn tweede podcastgesprek met Baxter bespraken we het kruis — niet alleen als een historisch moment, maar als een kosmische gebeurtenis die alles herdefinieert wat we denken te weten over God en onszelf. "Het kruis is geen transactie om een juridisch probleem op te lossen", begon Baxter, zijn stem kalm maar gepassioneerd. "Het is een goddelijke afdaling in onze illusie, een reddingsmissie om ons te ontmoeten waar we zijn."

Hij vervolgde: "De Vader, de Zoon en de Geest zijn geen toeschouwers van menselijk lijden; ze zijn deelnemers. Waar was God toen Christus werd gekruisigd? God was in Christus. De Vader was niet op afstand, toekijkend vanaf de zijlijn. De Vader was in Jezus, Hem vasthoudend en ons vasthoudend."

Baxters nadruk dat het kruis eenheid openbaart in plaats van scheiding, zet veel van onze Westerse evangelische aannames op hun kop. "Geloof je werkelijk dat Jezus de Vader moest afkopen?", vroeg een Orthodoxe bisschop hem jaren geleden retorisch. "Dat is nooit in de gedachte van de vroege Kerk opgekomen. Het kruis gaat niet over het stillen van toorn; het gaat over het binnentreden in onze duisternis en ons thuisbrengen."

Deze verschuiving in het begrijpen van het kruis verandert hoe we God zien. "Wanneer wij Hem vervloeken, kruisigen, Hem op het kruis hijsen, wat zegt de Vader dan? Hij zegt: "Ik houd mijn Zoon én mijn dwalende kinderen in eeuwige barmhartigheid vast." Dat is wie God is. Het kruis is de ultieme openbaring van het hart van de Vader."

Voorziend welke vragen Baxters uitspraak zou oproepen bij podcastluisteraars, vroeg ik: "Hoe zit het dan met Gods toorn — iets dat zoveel van de moderne theologie heeft gevormd?" Baxter pauzeerde bedachtzaam voordat hij antwoordde: "Toorn is niet Gods boosheid op Jezus. Toorn is Gods verzet tegen onze ondergang. Het is Zijn 'nee' tegen onze illusie en dood en Zijn 'ja' voor onze verlossing. Het kruis is de plek waar die 'nee' en dat 'ja' elkaar ontmoeten."

Baxters visie op het kruis omvat een diep begrip van Christus' solidariteit met de mensheid. "Jezus komt niet om buiten ons te staan en de weg te wijzen", zei hij. "Hij komt om één met ons te worden, onze gebrokenheid binnen te stappen en ons eruit te dragen. Hij verenigt Zich met Zijn bruid in haar illusie om haar te bevrijden."

Het kruis is, in Baxters woorden, ook diep Drie-enig. "De Vader, de Zoon en de Geest zijn onverbrekelijk met elkaar verbonden", legde hij uit. "Wanneer Jezus zegt: "De Vader is in Mij en Ik in de Vader", laat Hij zien dat er zelfs aan het kruis geen scheiding is. De hele Drie-eenheid is hierin samen betrokken, de mensheid van binnenuit verlossend."

Het kruis is niet het einde van het verhaal; het is het begin. "Toen wij Jezus vermoordden, transformeerde de Vader die daad in een nieuw verbond — een eenheid met ons in onze illusie. Het licht schijnt in de duisternis en de duisternis begrijpt het niet, maar kan het ook niet overwinnen." Toen ons gesprek ten einde liep, vroeg ik Baxter hoe deze visie van het kruis zijn leven vormgeeft. Hij glimlachte en zei: "Je kunt het niet meer 'ontzien'. Zodra je weet dat het kruis niet over scheiding gaat maar over eenheid, besef je dat God altijd bij ons is geweest, zelfs in onze slechtste momenten." Het kruis is God die zegt: "Ik zal je niet verlaten. Ik ben hier. Ik maak alle dingen nieuw."[56]

"Ik zal je niet verlaten." Dat zijn vurige woorden van evangelische waarheid.

Wat nu als het kruis niet het verhaal is waarin de Vader wegkijkt, maar in plaats daarvan een openbaring dat er geen schaduw van ommekeer is binnen de Drie-eenheid?

EN HIJ HEEFT ZIJN AANGEZICHT NIET VERBORGEN

"Zie, de tijd komt en is nu gekomen, dat u uiteengedreven zult worden, ieder naar het zijne, en u Mij alleen zult laten; en toch ben Ik niet alleen, omdat de Vader bij Mij is" (Johannes 16:32, HSV). Deze woorden sprak Jezus tot Zijn discipelen voordat Hij naar het kruis ging.

Die uitspraak lijkt duidelijk. De Vader ging nergens heen. Maar als dat waar is, wat doen we dan met Jezus'

---

5 Jason Clark en Derek Turner, hosts, *Rethinking God with Tacos*, podcast, bewerkte fragmenten uit "C. Baxter Kruger / Jezus ontmoet ons binnen onze illusie."
6 Jason Clark en Thomas Floyd, hosts, *Rethinking God with Tacos*, podcast, bewerkte fragmenten uit "C. Baxter Kruger / Christus in ons!"

wanhopige kreet aan het kruis: "*Mijn God, Mijn God, waarom hebt U Mij verlaten?*" (Mattheüs 27:46).

Als ik zou zeggen: "*Onze Vader die in de hemelen zijt*", zouden de meesten van jullie automatisch het volgende vers aanvullen: "*Uw naam worde geheiligd*" (Mattheüs 6:9).

Als ik zou zingen: "Baby, I'm just gonna shake, shake, shake, shake, shake", zouden mijn vrouw en kinderen zingen: "Shake it off, shake it off."[7]

Toen Jezus, geslagen en gebroken, aan het kruis gespijkerd en in de wanhoop van onze eenzaamheid en de pijn van verlatenheid, uitriep: "*Mijn God, Mijn God, waarom hebt U Mij verlaten?*", wist iedereen die de Schrift kende waar Hij naar verwees: Psalm 22:1.

Dat is omdat Jezus het eerste vers van de dichter-koning David citeerde. In Jezus' tijd was het cultureel gebruikelijk dat wanneer een leraar het eerste vers van een psalm citeerde, hij de luisteraar wilde wijzen op de hele psalm. En iedere Jood kon de volgende verzen van Psalm 22 uit het hoofd opzeggen, en de daaropvolgende, en de daaropvolgende...

Psalm 22, David worstelde zich door de hoogte- en dieptepunten van het leven heen, met een rauwe echtheid die hem tot een geliefde Oudtestamentische figuur maakt. Deze Davidische psalm is vrij eenvoudig — behalve dan dat Psalm 22 op deze dag krachtig profetisch werd. Op deze dag kwamen Davids woorden voor hun ogen op gruwelijke wijze tot leven.

---

7 Taylor Swift, zangeres, "Shake It Off," door Taylor Swift, Shellback en Martin Max, 18 augustus 2014, track 6 op 1989, Big Machine.

"Mijn God, Mijn God, waarom hebt U Mij verlaten?" wordt een paar verzen later gevolgd door (HSV):

> "Allen die mij zien, bespotten mij, ze schudden het hoofd..." (v. 8)
>
> "Als water ben ik uitgestort, ontwricht zijn al mijn beenderen..." (v. 15)
>
> "Mijn kracht is verdroogd als een potscherf, mijn tong kleeft aan mijn gehemelte..." (v. 16)
>
> "Honden sluiten mij in, een bende boosdoeners omringt mij; ze doorboren mijn handen en voeten..." (v. 16)
>
> "Al mijn beenderen zou ik kunnen tellen; en zij, zij zien het aan, zij kijken naar mij..." (v. 18)
>
> "Zij verdelen mijn kleren onder elkaar en werpen het lot om mijn gewaad..." (v. 19)

En dan, in vers 24, openbaart de psalm profetisch de aard van God en de relationele werkelijkheid die plaatsvindt tussen Jezus en Zijn Vader aan het kruis:

> "Want Hij heeft de ellende van de ellendige niet veracht noch verafschuwd; Hij heeft Zijn aangezicht niet voor hem verborgen; maar Hij heeft gehoord, toen hij tot Hem riep" (Psalm 22:25, HSV).

Jezus stapte in Adams illusie en ervoer ons gevoel van verlatenheid.

Jezus, aan een kruis, in Zijn donkerste uur, ervoer het verpletterende verraad achter de leugen die de hele mensheid heeft onderdrukt — de leugen dat God verlaat, in de steek laat en weggaat. Maar Hij citeerde een Schriftgedeelte dat de kracht van het evangelie tot redding openbaart: GOD VERLAAT NIET. GOD HEEFT NOOIT VERLATEN.

De Vader verliet Hem niet, nooit. Zoals de oude hymne zegt: 'Bij U is geen schaduw van ommekeer'. Op dat moment was God in Christus, op een kruis, de hele mensheid met Zichzelf verzoenend (2 Korintiërs 5:19).

Jezus, volkomen God en volkomen mens, riep uit: *"Mijn God, Mijn God, waarom hebt U Mij verlaten?"* En dat was ónze kreet — de jouwe en de mijne — een roep om een Liefde te kennen die nooit verlaat of in de steek laat; een roep geboren uit de illusie van scheiding die teruggaat tot Adam. Jezus stapte in Adams illusie en ervoer ons gevoel van verlatenheid. En op dat moment riep Hij in een wanhoop die ieder van ons heeft gevoeld: *"Mijn God, Mijn God, waarom zou U Mij verlaten?"*

En juist op dat moment was de Vader bij Zijn Zoon. Hij had Hem niet verlaten, niet in de steek gelaten,

Zich niet van Hem afgewend of Hem veracht. Hij was daar. Hij wist dat Zijn Zoon het niet kon voelen, Zijn altijd-goede liefde niet kon ervaren, maar Hij was daar, Zijn jongen liefhebbend, trots op Zijn Zoon, delend in Zijn lijden en het kruis verdragend voor de vreugde die erna kwam. Hij was daar, vergevend, verzoenend en Hij rekende ons onze wrede en strafgerichte leugens over Hem niet aan.

Jezus' volgende woorden waren krachtig: *"Het is volbracht"* (Johannes 19:30, HSV).

En het voorhangsel van de tempel — het symbool van de wrede en strafgerichte gedachten van de mensheid over een God die verlaat, een God die Zich van ons afscheidt — scheurde in tweeën (Mattheüs 27:51).

> *"Toen riep Jezus luid: Vader, in Uw handen beveel Ik Mijn geest. Nadat Hij dit gezegd had, gaf Hij de geest"* (Lukas 23:46, HSV).

Jezus wist dat Hij niet alleen was, en Hij noemde God: "Vader".[8]

Een goede Vader verlaat niet en Jezus wist dit. Zijn geloof was stevig geworteld in deze waarheid: *"Want ik ben ervan overtuigd dat noch dood, noch leven, noch engelen, noch overheden, noch krachten, noch tegenwoordige, noch toekomstige dingen, noch hoogte, noch diepte, noch enig ander schepsel ons zal kunnen scheiden*

---
[8] Jason Clark, bewerkt uit *Leaving and Finding Jesus*.

Het Verbreken van de Illusie van Scheiding 39

van de liefde van God in Christus Jezus, onze Heere" (Romeinen 8:38-39, HSV). Daar, op dat fundament, vestigen wij ons geloof — op de zekere grondslag van een grotere Liefde die nooit verlaat.

Jezus openbaarde dat, ongeacht ons perspectief, onze ervaring, onze ideologie of theologie, onze Vader nooit verlaat. Grotere Liefde verlaat ons nooit. Er is geen scheiding in de natuur van de Drie-eenheid, alleen in het denken en de perceptie van de mensheid.[9]

> *"Ooit waren jullie van God vervreemd en waren jullie in je denken Zijn vijanden door slechte daden. Maar nu heeft Hij jullie door Christus' sterfelijk lichaam in de dood met Zich verzoend, om jullie heilig, zuiver en onberispelijk bij Zich te brengen"* (Colossenzen 1:21-23, vertaling van de NIV).

Vrienden, scheiding is niet het evangelie dat Jezus ons heeft gegeven. Aan het kruis verzoende een Drie-enige God, in Christus, de wereld met Zichzelf, *'zonder onze zonden aan te rekenen'* (2 Korintiërs 5:19).

Aan het kruis zei Jezus: *"Vader, vergeef het hun, want ze weten niet wat ze doen"* (Lukas 23:34, HSV).

En vlak voor Zijn laatste adem zei Hij: *"Het is volbracht."*

Scheiding maakt geen deel uit van Gods natuur. Er is geen sluier meer tussen hemel en aarde —tussen

---

[9] Jason Clark, bewerkt uit *Prone to Love* (Shippensburg, PA: Destiny Image Publishers, 2014).

God en de mens. Daarom noemen wij het evangelie, het goede nieuws!

Het kruis is de ultieme daad van liefde, verlossing en eenheid.[10]

---

[10] Volledig hoofdstuk bewerkt uit Jason Clark, *Rethinking God with Tacos: Reclaiming the Gospel of Love* (Unorthodox Resources, 2025).

HOOFDSTUK 2

Wat Doen We Met de Gewelddadige God?

De God van Oorlog Verzoenen Met de God van Het Kruis

Door Dr. Matthew Hester

Het valt niet te ontkennen dat de Bijbel — vooral het Oude Testament — vol staat met huiveringwekkend gewelddadige beelden. We vinden voorbeelden zoals Kaïn die Abel vermoordt, de zondvloed in de dagen van Noach, talloze dierenoffers, slavernij en de overweldigende wreedheid en bijkomende schade van langdurige oorlogscampagnes. Op het eerste gezicht zouden we kunnen zeggen dat dit simpelweg de manier is waarop de mensheid altijd geneigd is zichzelf vooruit te stuwen. Maar het wordt bijzonder problematisch in de

Schrift wanneer we zien dat God Zelf dergelijke daden lijkt te bevelen.

Daarmee ontstaat een dramatische spanning die iedere christen en iedere uitlegger van de Schrift onder ogen moet zien: Aan de ene kant hebben we de verhalen in het Oude Testament waarin God ogenschijnlijk gruwelijke gewelddaden beveelt. Aan de andere kant lezen we in het Nieuwe Testament de ondubbelzinnig geweldloze leer van Jezus. Het met elkaar verzoenen van deze twee werkelijkheden heeft christenen en theologen al tweeduizend jaar lang uitgedaagd.

Het Oude Testament vertelt het verhaal van Israëls reis in het ontdekken van hun God — een evoluerend proces waarin hun inzicht in wie God is groeit. Terwijl God Zelf onveranderd blijft, verandert Israëls perceptie van Hem, wat leidt tot bepaalde aannames zoals het toeschrijven van gewelddadige eigenschappen aan God, vergelijkbaar met heidense godheden. In de loop der tijd dagen profeten zoals Hosea deze aannames uit, door te verklaren dat God barmhartigheid wil en geen offers — een gedachte die Jezus later in Zijn onderwijs bevestigde.

Tussen de ogenschijnlijke goddelijke goedkeuring van genocide bij de verovering van Kanaän en de Bergrede ligt een enorme verschuiving. Het is geen verandering in God, maar in de openbaring van Zijn ware aard aan de mensheid. Het Oude Testament beschrijft Israëls reis naar het begrijpen van God, maar die reis eindigt daar niet — ze leidt naar Jezus. Jozua en David gaven voorlopige glimpjes, maar het is Jezus van Nazareth die de volle openbaring van God brengt. David was een kind van zijn tijd, maar Jezus, de Zoon van David, belichaamt de exacte aard van God.

Het kruis zien als een spiegel stelt ons in staat verder te kijken dan de gewelddadige voorstellingen van God in het Oude Testament. Het onthult de ware natuur van God, volledig geopenbaard in Jezus Christus. Als je worstelt met het verzoenen van de gewelddadige voorstellingen van God in het Oude Testament met de boodschap van het kruis, kan dat erop wijzen dat er een gebrek is aan vertrouwen in de volle openbaring van God door Jezus. Vroegere openbaringen van waarheid vóór Jezus, werden versluierd door een onvolledig begrip van Gods karakter.

De gewelddadige voorstellingen van God in het Oude Testament functioneren als voorlopers van de gekruisigde God. In wezen kunnen deze gewelddadige portretten worden gezien — wanneer we ze bekijken door de bril van het kruis — als voorafschaduwingen van de historische kruisiging.

"PROFETISCH" GEWELD IN HET OUDE TESTAMENT

Laten we eens kijken naar Jeremia's voorstelling van God, waar het lijkt alsof barmhartigheid en mededogen opzijgeschoven worden ten gunste van vernietigende daden (zie Jeremia 13:14). Maar als we geloven dat het kruis ons laat zien wie God werkelijk is, dan weten we dat God nooit barmhartigheid en mededogen zou laten varen om gezinnen schade toe te brengen. We moeten dus erkennen dat dit sombere beeld van God Jeremia's eigen gebrekkige, cultureel beïnvloede, begrip weerspiegelt en niet de ware natuur van God.

Een aanzienlijk deel van Jeremia's bediening bestond uit het brengen van wat hij zag als goddelijk oordeel over Israël. Door zijn profetische boodschappen heen deelde Jeremia meer dan honderd verontrustende beelden. Hoewel sommige misschien minder gruwelijk geïnterpreteerd zouden kunnen worden lijken vele andere behoorlijk expliciet. Bracht God werkelijk oordeel over kinderen (Jeremia 2:30)? Was het Zijn bedoeling om iedereen te vernietigen (Jeremia 6:21)? Gaf God het volk vergiftigd water te drinken (Jeremia 8:14)? Wilde Hij dat ouders uit wanhoop hun eigen kinderen zouden eten (Jeremia 19:7-9)? Deze vragen belichten slechts enkele voorbeelden van het gewelddadige en gruwelijke beeld dat in Jeremia's profetieën aan God wordt toegeschreven. Hoe kunnen we zulke huiveringwekkende beelden verzoenen met het idee van een God die eruitziet als Jezus? Kunnen we de God die op Jezus lijkt weerspiegelt zien in zulke duisternis?

Jeremia 7:21-23 zegt:

> *"Zo zegt de HEERE van de legermachten, de God van Israël: Voeg uw brandoffers toe aan uw slachtoffers, eet vlees, want Ik heb met uw vaderen op de dag dat Ik hen uit het land Egypte leidde, niet gesproken en hun evenmin iets geboden over zaken die betrekking hebben*

op brandoffers en slachtoffers. Maar deze zaak heb Ik hun geboden: Luister naar Mijn stem. Dan zal Ik u tot een God zijn, en ú zult Mij tot een volk zijn. Bewandel heel de weg die Ik u gebieden zal en het zal u goed gaan."

Midden in een boek vol huiveringwekkende beschrijvingen van geweld dat aan God wordt toegeschreven, klinkt hier een aangrijpende herinnering aan wat Gods hart werkelijk verlangt voor Israël. Deze verontrustende beelden staan in scherp contrast met Zijn ultieme verlangen: namelijk dat Zijn volk weet dat zij Zijn geliefden zijn, dat zij kostbaar zijn en dat zij hun vervulling vinden in een intieme verbondenheid met Hem. Offers waren nooit Zijn verlangen en Hij heeft ze nooit bevolen. Hoewel de bovenstaande tekst over dierenoffers spreekt, mogen we redelijkerwijs afleiden dat ook mensen nooit bedoeld waren als offers.

Ons vertrouwen in de God die op het kruis geopenbaard is, keert deze gewelddadige en verontrustende beelden om in een soort tweezijdige spiegel. Wanneer we ze bekijken in het perspectief van het kruis, kunnen we verder kijken dan de grimmige weerspiegelingen van zonde en de medelevende God zien die Jeremia's gebrekkige perceptie van Hem omarmt. Daarom neemt God in Jeremia's voorstelling in de Bijbel deze onaantrekkelijke gedaante aan. Door het perspectief van het kruis bezien, worden gewelddadige afspiegelingen van God, zoals die van Jeremia, zowel boeiend als ontregelend. Ze zijn boeiend omdat ze laten zien dat God het gewicht draagt van de zondige beelden die wij op Hem projecteren. Maar ze zijn ook ontregelend, omdat ze onze veronderstelde overtuigingen uitdagen over wat God bereid zou zijn te doen met Zijn geliefde schepping.

Een ander voorbeeld dat we zullen onderzoeken, is dat van de profeet Samuël en zijn complexe relatie met geweld. Samuël kreeg de moeilijke taak om Saul te zalven, de eerste en één van de minst succesvolle koningen in Israëls geschiedenis. Hij speelde ook een belangrijke rol tijdens de heerschappij van koning David, één van Israëls meest gevierde koningen. Ondanks hun verschillen waren beide koningschappen doordrenkt met geweld. Ik twijfel er niet aan dat Saul en David geweld zagen als een middel tot verovering, maar hoe groot was Samuëls rol in het bloedvergieten dat in deze verhalen aan God wordt toegeschreven?

Tijdens Samuëls profetische loopbaan wordt duidelijk hoe zwaar het voor hem was om de lasten van de Israëlieten, van Saul, en zelfs van David te dragen. Hoewel boosheid natuurlijk is, wordt het problematisch wanneer boosheid uitmondt in geweld. Toch neigen we er vaak toe om deze bedenkelijke daden te negeren. Misschien nemen we aan dat, omdat Samuël een profeet van God was, zijn daden Gods wil weerspiegelden— zelfs wanneer ze Christus' karakter tegenspreken. Dit is een van de belangrijkste problemen wanneer we zulke beelden niet interpreteren door het werk van het kruis en de Persoon van Jezus.

> *"Toen zei Samuel: Breng Agag, de koning van de Amalekieten, bij mij. Agag ging fier naar hem toe, en Agag zei: De bitterheid van de dood is beslist geweken! Maar Samuel zei: Zoals uw zwaard de vrouwen van hun kinderen beroofd heeft, zo zal onder de vrouwen uw moeder van haar kinderen beroofd worden. Toen hakte Samuel Agag in stukken, voor het aangezicht van de HEERE in Gilgal"* (1 Samuël 15:32-33, HSV).

Wat denk je als je bovenstaand vers leest? Hoe voel je je erbij dat de profeet van God een man in stukken hakt? Je zou misschien redeneren dat zijn daden gerechtvaardigd waren — en misschien heb je gelijk. Je zou ook kunnen concluderen dat dit niet God was die het deed, maar dat het alsnog gezien kan worden als een rechtvaardige daad van oordeel tegen Agag. We zouden ook kunnen opmerken dat, hoewel het niet lijkt dat God het doden van Agag gebood, Hij er blijkbaar geen bezwaar tegen had aangezien Hij Samuël niet tegenhield en er getuige van was. Had Samuël een gewelddadige kant, of is God altijd al gewelddadig geweest?

Goed, volledige openheid, misschien speel ik hier een beetje advocaat van de duivel. Wellicht zou je dit soort gruweldaad gerechtvaardigd vinden als ik wat meer context gaf. Wat als ik je vertel dat Richteren 3:13 laat zien dat de Amalekieten, samen met hun Moabitische en Ammonitische bondgenoten, Israël versloegen om hen te onderdrukken? Richteren 10:11-13 bevestigt ook dat de Amalekieten onder de onderdrukkers van Israël waren.

Daarnaast laat Richteren 6:1-6 zien dat de Amalekieten, samen met de Midianieten, de landbouwgronden van Israël verwoestten "tot aan Gaza", wat tot hongersnood leidde. Het kennen van deze geschiedenis zou in ieder geval enige context kunnen bieden voor Samuëls woede en verlangen naar wraak.

Het begrijpen van de historische wreedheden die de Amalekieten Israël hebben aangedaan, werpt licht op wat lijkt op Gods bevel tot hun vernietiging door middel van rechtvaardige wraak. In feite profeteerde Samuël deze bevelen en schreef ze toe aan God!

1 Samuël 15:2-3 (HSV):

> *"Zo zegt de HEERE van de legermachten: Ik heb acht geslagen op wat Amalek Israël aangedaan heeft, hoe hij zich tegen hem gekeerd heeft op de weg, toen hij uit Egypte kwam. Ga nu heen, en versla Amalek, en sla alles wat hij heeft met de ban. Spaar hem niet, maar dood hen van man tot vrouw, van kind tot zuigeling, van rund tot schaap, en van kameel tot ezel."*

Hier is een meer omvattend begrip van de situatie: Amalek had een lange geschiedenis van het vervolgen van Israël en Samuël profeteerde dat het tijd was voor hen om zware consequenties te dragen. Als je verder leest in 1 Samuël 15, ontdek je dat Saul Gods bevel niet volledig uitvoerde. In plaats van alles volledig te vernietigen zoals bevolen, spaarde hij koning Agag en liet hij het volk een deel van de buit houden om die als offers aan

God in Gilgal aan te bieden. Sauls ongehoorzaamheid — het sparen van Agag en het behouden van buit — leidde uiteindelijk tot Agags gruwelijke lot en tot de blijvende scheiding tussen Samuël en Saul.

Alles overziend: waar zien we in dit verhaal het karakter en de natuur van God die eruitzien als Jezus? Ik stel dat we Hem overal zien. We zien Hem het beeld van de zonde dragen in 1 Samuël 15:2-3, waar aan Hem wordt toegeschreven dat Hij de vernietiging van mannen, vrouwen, kinderen en dieren beveelt. Dit is het beeld van God die gekruisigd wordt. We zien God ook in 1 Samuël 15:32-33, waar Hij blijft werken met Samuël, ondanks diens moorddadige daad tegenover Agag in Gods aanwezigheid. Maar waar zien we nog meer het karakter en de natuur van de Christusgelijke God in dit verhaal? Tussen Samuëls uitspraak, toegeschreven aan Gods verlangen en Agags uiteengereten lichaam door Samuël, vinden we een zachte straal van licht die doorbreekt uit de onderdrukkende wolk van oordeel en doden — een straal die lijkt op de God die in Jezus wordt geopenbaard.

1 Samuël 15:21-22 (HSV):

> *"Het volk heeft van de buit genomen, schapen en runderen, het beste van wat onder de ban valt, om de HEERE, uw God, te offeren in Gilgal. Maar Samuel zei: Heeft de HEERE evenveel behagen in brandoffers en slachtoffers als in het gehoorzamen aan de stem van de HEERE? Zie, gehoorzamen is beter dan slachtoffer, opmerkzaam zijn beter dan het vet van rammen."*

In deze twee verzen, geplaatst tussen groteske daden van geweld, klinkt de stem van God helder door. Hij toont geen interesse of vreugde in brandoffers en slachtoffers. Zijn liefde strekt zich uit tot alles wat Hij geschapen heeft, en Zijn verlangen is relationele intimiteit. De Vader herinnert ons eraan dat "gehoorzamen beter is" en "luisteren beter is". Maar omdat Samuël en de Israëlieten totaal geen interesse toonden in deze zachte herinneringen, grepen ze onmiddellijk weer naar zinloos geweld om conflicten op te lossen. Dit weerspiegelt niet het hart van God, maar toch blijft Hij geduldig met hen omgaan, hen ontmoeten waar ze zijn en inspelen op hun overtuigingen over wat zij denken dat Hij verlangt.

Net zoals we God het last zien dragen van de gewelddadige beschrijvingen die Jeremia profeteerde — waarbij Hij Zichzelf toestaat afgebeeld te worden in allerlei vormen van onvoorstelbaar geweld —zien we een vergelijkbare dynamiek in de verhalen rond Samuël. Als we trouw blijven aan een 'Jezus-hermeneutiek', zien we hoe Gods volk Hem verantwoordelijk maakt voor het geweld dat wij zelf verlangen. Tegelijkertijd zien we hoe Hij dit draagt om ons verder te brengen in ons begrip van Zijn wezen — totdat we uiteindelijk de ware beelddrager zien: Jezus.

Kort gezegd: de gewelddadige en wraakzuchtige God lijkt op ons 'Rorschach-beeld', maar de vriendelijke, liefdevolle, medelevende en geweldloze God is het ware beeld dat door Jezus wordt geopenbaard.

GEWELD REPRODUCEERT GEWELD

We hebben een glimp opgevangen van de gewelddadige levensstijl en profetische bediening van Samuël, maar heb je er ooit over nagedacht hoe zulk geweld anderen kan beïnvloeden? Bedenk dit: de twee koningen over wie Samuël directe geestelijke invloed had — Saul en David — waren zeer gewelddadige mannen. Is dat toeval? Misschien. Maar denk eens aan de woorden van Jezus in Mattheüs 26:52, toen de Romeinse soldaten Hem arresteerden: "Doe uw zwaard terug op zijn plaats, want allen die naar het zwaard grijpen, zullen door het zwaard omkomen" (HSV). Je zou het standpunt kunnen beargumenteren dat Jezus op dat moment elk recht had om Zichzelf te verdedigen, maar Jezus toont Zijn discipelen duidelijk het karakter en het wezen van God: geweld wordt nooit gestopt door meer geweld.

In het licht van deze waarheid is het op zijn minst eerlijk om ons af te vragen hoeveel Samuëls gewelddadige inslag degenen beïnvloedde over wie hij de meeste invloed had. Het koningschap van Saul was doordrenkt met geweld en we zouden kunnen denken dat, vanwege het feit dat Saul niet echt Gods idee was, Israël kreeg wat het verdiende. Maar dit is moeilijk vol te houden als we weten dat David, Gods gezalfde en uitverkoren koning, nog veel gewelddadiger was dan Saul. Laten we dit scherp voor ogen houden: Saul was gewelddadig, maar niet door God gekozen; David was veel gewelddadiger, maar wél door God gekozen. Wat moeten we met deze schijnbare paradox? Wat hadden Saul en David gemeen? Samuël.

> "Saul heeft zijn duizenden verslagen, maar David zijn tienduizenden! Toen ontstak Saul in woede; die woorden waren namelijk kwalijk in zijn ogen. Hij zei: Ze hebben er aan David tienduizend gegeven, maar mij hebben ze er maar duizend gegeven; het koninkrijk zal zeker nog eens voor hém zijn!" —1 Samuël 18:7-8 (HSV)

Ik beweer niet dat Saul en David niet verantwoordelijk waren voor hun eigen daden —integendeel. Ik beweer ook niet dat Samuël een soort duistere invloed over hen had. Maar ik vind het wel opvallend dat mensen die een neiging tot geweld hebben, elkaar versterken en zich tot elkaar aangetrokken voelen. Jezus, het volmaakte beeld van God, confronteerde keer op keer de gewelddadige inslag van Petrus. Toch hadden noch Saul, noch David, noch Samuël voldoende inzicht om de cyclus van hun gewelddadigheid te doorbreken.

GEWELD HEEFT EEN PRIJS

Tegen het einde van het leven van koning David zien we een aangrijpende uitwisseling met zijn geliefde zoon Salomo. In 1 Kronieken 22:7-9 vertrouwt David hem toe:

> "Mijn zoon, ik zelf had het voornemen om voor de Naam van de HEERE, mijn God, een huis te bouwen, maar het woord van de HEERE kwam tot mij: U hebt

een grote hoeveelheid bloed vergoten en u hebt grote oorlogen gevoerd. U mag voor Mijn Naam geen huis bouwen, omdat u een grote hoeveelheid bloed op de aarde voor Mijn aangezicht vergoten hebt. Zie, een zoon zal u geboren worden; die zal een man van rust zijn, want Ik zal hem rust geven van al zijn vijanden van rondom. Ja, Salomo zal zijn naam zijn, want Ik zal in zijn dagen vrede en stilte over Israël geven."

Toen ik opgroeide, verafgoodde ik David in zekere zin. Wat viel er niet te bewonderen? Hij was een echte man! Een krijger, een vrouwenverslinder, een koning, maar ook een aanbidder, en uiteindelijk bekend als een man naar Gods hart (zie Handelingen 13:22). Hij breidde Israëls grondgebied uit als geen ander voor hem en werd alom geroemd als de grootste koning in hun geschiedenis. Jezus citeerde hem. Jezus noemde hem zelfs Zijn vader. Zoveel lof! Zoveel eer! Maar als alles gezegd en gedaan is, is dit werkelijk wat David wilde bereiken of waarvoor hij herinnerd wilde worden?

Davids verlangen was om een huis voor God te bouwen, een gekoesterde droom die hij vurig wilde vervullen. Maar God maakte duidelijk dat vanwege Davids geschiedenis van gewelddadige veroveringen hij niet degene zou zijn die dit huis zou gaan bouwen. Dit roept een intrigerende vraag op: wilde God niet dat David Israëls vijanden zou verslaan? Hoewel er momenten zijn waarop God David misschien niet rechtstreeks opdroeg geweld te gebruiken, kunnen Zijn stilzwijgen en de schijnbare zegeningen leiden tot de interpretatie dat Davids daden goddelijk werden goedgekeurd. Zou God Zijn geliefde David bevelen om wreedheden te begaan die hem vervolgens zouden diskwalificeren om het verlangen van zijn hart te vervullen? Hier, denk ik, krijgen we een glimp van het ware karakter en de ware aard van God. Hij is geen God van oorlog, maar van vrede.

> *We kunnen Jezus niet helpen de wereld te herstellen en het ware huis van de Heer te bouwen als we gefascineerd blijven door de gewelddadige wegen van David de krijgsheld. Het is David de aanbidder met wie God Zijn verbond sluit, niet David de krijgsheld. De krijgsheld kan het huis van de Heer niet bouwen. Het is Davids vreedzame Zoon die de ware tempel bouwt.*[11] —Brian Zahnd

IDENTIFICEER JIJ JE MEER MET DE LEEUW OF MET HET LAM?

Als het gaat om profetische symboliek die naar Jezus verwijst, steken twee beelden ver boven de rest uit: de leeuw en het lam. Met welk beeld identificeer jij je het meest? Welk beeld wekt het meeste enthousiasme in je op? Voor mij was het eenvoudig — ik hield volledig van de Leeuw uit de stam Juda. Ik bewonderde alles aan dit beeld — de majestueuze manen, de grote klauwen, de brul, de scherpe tanden, alles. Ik had ook waardering voor het Lam; het Lam heeft tenslotte de zonde van de

---

11 Brian Zahnd, "God bouwt Zijn huis niet met geweld," Brian Zahnd (blog), 6 december 2012, https://brianzahnd.com/2012/12/god-doesnt-build-his-house-by-violence/.

wereld weggenomen. Maar nu het Lam gekruisigd, opgestaan en opgevaren is, leven we dan niet in het tijdperk van de Leeuw? Toch?

Wordt er naar Jezus verwezen als een leeuw? Zeker. Wanneer je Genesis 49:8-12 onderzoekt, wat zie je dan voor je bij deze nakomeling van Juda? Hij zal lof ontvangen van allen. Hij zal de kracht van een leeuw belichamen, regerend over alle volken en zijn vijanden verpletterend. Zelfs zijn broeders zullen zich voor Hem neerbuigen in eerbied. Zijn koninkrijk zal eeuwig zijn, onaangetast door enig ander, en uiteindelijk zullen alle volken Hem hulde en aanbidding brengen. Hij is degene aan wie alle naties gehoorzaamheid verschuldigd zijn. Koppel deze gedachten aan het beeld dat Johannes opschreef in Openbaring 5:5: *"Huil niet. Zie, de Leeuw Die uit de stam van Juda is, de Wortel van David, heeft overwonnen..."* (HSV).

Wordt er naar Jezus verwezen als een lam? Zeker. Johannes de Doper verklaarde publiekelijk in Johannes 1:29: "Zie, het Lam van God, dat de zonde van de wereld wegneemt!" Johannes herhaalt dezelfde verklaring iets later wanneer hij Jezus opnieuw in het openbaar ontmoet. De profeet Jesaja sprak honderden jaren vóór de menswording al in lam-symboliek over de kruisiging, toen hij in Jesaja 53:7 zei: *"Toen betaling geëist werd, werd Hij verdrukt, maar Hij deed Zijn mond niet open. Als een lam werd Hij ter slachting geleid; als een schaap dat stom is voor zijn scheerders, zo deed Hij Zijn mond niet open."*

Er is geen uitweg mogelijk; Jezus is zowel de Leeuw als het Lam. Maar hoe identificeren we ons met beide beelden en met de spanning die zij vertegenwoordigen? De eerste uitdaging is hoe we kunnen voorkomen dat we onze eigen verwachtingen op deze beelden projecteren. Wanneer we het leeuwbeeld zien, moeten we oppassen niet automatisch te denken aan een roofdier dat zijn vijanden aan stukken scheurt. Op dezelfde manier moeten we, wanneer we nadenken over het lam, vermijden om simpelweg te denken aan een zwak en weerloos dier. Beide beelden zijn waar over Jezus, maar het is Zijn beeld en niet onze projectie ervan dat Hem moet definiëren.

Ik geloof dat een van de duidelijkste manieren om deze beelden samen in harmonie te zien, te vinden is in Johannes' profetische visioen in Openbaring 5:5-6 (HSV):

> *"En een van de ouderlingen zei tegen mij: Huil niet. Zie, de Leeuw Die uit de stam van Juda is, de Wortel van David, heeft overwonnen om de boekrol te openen en zijn zeven zegels te verbreken. En ik zag, en zie: te midden van de troon en van de vier dieren en te midden van de ouderlingen stond een Lam als geslacht…"*

In dit visioen van Jezus Christus zien we zowel de Leeuw als het Lam. Het is echter opmerkelijk dat Johannes alleen hoorde dat de Leeuw aanwezig was, maar toen hij keek, zag hij alleen een Lam, alsof het geslacht was. Wat betekenen deze beelden?

De Leeuw overwint als het gekruisigde Lam. Dit is wie God altijd is geweest.

Jezus, als de Leeuw uit de stam Juda, vertegenwoordigt Zijn autoriteit. Het is waar dat Zijn koninkrijk eeuwig zal zijn, alle volken zullen hun knieën buigen en belijden dat Hij Heer is. Maar hoe wordt dit werkelijkheid? Ongelofelijk en tegengesteld aan onze standaardmethoden van geweld, heerst de Leeuw door een geslacht Lam te zijn. De Koning der koningen legt Zijn leven af en doopt de wereld in onbaatzuchtige, zichzelf opofferende agapè-liefde om de essentie van Zijn koningschap te tonen. De Leeuw overwint als het gekruisigde Lam. Dit is wie God altijd is geweest.

MIJN KONINKRIJK IS NIET VAN DEZE WERELD

Ik wil in dit hoofdstuk nog één punt maken met betrekking tot de geweldloze weg van de Godheid, vooral als het gaat om ons verlangen naar macht en het bouwen van een imperium. Jezus had een paar zeer specifieke momenten vlak vóór Zijn kruisiging waarin Hij sprak tot onze veronderstelde noodzaak van geweld om onszelf te verdedigen of, op zijn minst, om Hém te verdedigen: het moment waarop Petrus het oor van Malchus afhakte en het gesprek tussen Jezus en Pilatus. Het eerste voorbeeld spreekt tot onze persoonlijke neiging om de wapens op te nemen ter verdediging van onszelf en anderen. Het tweede voorbeeld spreekt tot de verleiding om het evangelie te verbinden met de wereldse manier van macht hebben.

> *Het laatste wonder dat Jezus verrichtte vóór Zijn kruisiging was het genezen van iemand die Hem haatte en die verwond was door de hand van iemand die Hem liefhad.*

De achtergrond van Petrus die het oor van Malchus afhakt, is vrij eenvoudig (zie Johannes 18). Judas had Jezus zojuist verraden en had daarmee de eerste wezenlijke stap gezet naar Zijn kruisiging. Toen Petrus dit volledig onrechtvaardige verraad zag, greep hij — als discipel die de Bergrede had gehoord en de wegen van Jezus' liefde en vergeving uit de eerste hand kende — zijn zwaard en deed wat de meesten van ons waarschijnlijk ook zouden hebben gedaan: hij begon zijn Heer met geweld te verdedigen. Terwijl het bloed ongetwijfeld stroomde van Malchus' hoofd, draaide Jezus deze daad van geweld door de hand van Zijn discipel volledig om.

Wat Doen We Met de Gewelddadige God? 59

Hij genas en herstelde een man die Hem gevangen wilde zien en mogelijk zelfs gekruisigd.

Bedenk dit: het laatste wonder dat Jezus verrichtte vóór Zijn kruisiging was het genezen van iemand die Hem haatte en verwond was door de hand van iemand die Hem liefhad. Dit was niet zomaar een geïsoleerd incident waarin Jezus zich neerlegde bij Zijn lot. Het was een kernachtige demonstratie van Zijn uitleven van het evangelie. Maar ook een verlossing van het vervormde "Rorschach-beeld" dat al duizenden jaren op Zijn Vader was geprojecteerd. God heeft nooit iemand nodig gehad die voor Hem vocht, noch verlangde Hij dat iemand geweld pleegde tegen een ander. Hij wil altijd liever genezen en herstellen dan vernietigen.

De achtergrond van het gesprek tussen Jezus en Pilatus is te vinden in alle vier de evangeliën. In het verslag van Johannes zien we Pilatus spreken in de taal van heerschappij, de enige taal die hij kende. In Johannes 18:33 stelt Pilatus de vraag die onze kijk op twee totaal verschillende regeringssystemen bepaalt: *"Bent U de koning van de Joden?"* (HSV). Het stellen van deze simpele vraag was beladen met gevolgen. Jeruzalem had immers al een koning, dat was niet Jezus maar Herodes. Elke andere koning vormde een bedreiging voor zijn heerschappij en moest daarom geëlimineerd worden.

Toen Jezus de kans kreeg om te antwoorden, deed Hij dat niet in de taal van wereldse machthebbers. Niet omdat Jezus op enigerlei wijze bang was voor wat anderen Hem zouden aandoen, maar omdat dit Hem de gelegenheid gaf waarheden te verkondigen over Zijn aard en Zijn koninkrijk die volledig tegengesteld zijn aan de gewelddadige manieren waarmee mensen koninkrijken bouwen. Jezus zegt in Johannes 18:36: *"Mijn Koninkrijk is niet van deze wereld. Als Mijn Koninkrijk van deze wereld was, zouden Mijn dienaars gestreden hebben, opdat Ik niet aan de Joden overgeleverd zou worden, maar nu is Mijn Koninkrijk niet van hier."* Om Pilatus gerust te stellen, vertelt Jezus hem dat Zijn Koninkrijk niet door geweld overwint. Dit soort gedachten over koninkrijken was volkomen dwaas voor iemand als Pilatus. Laten we eerlijk zijn: het is ook volkomen dwaas voor onze moderne manier van denken.

Vandaag de dag treur ik vaak over hoeveel geweld er in onze cultuur gevierd wordt. Voordat je denkt dat ik over de wereld spreek (wat niet vreemd zou zijn), bedoel ik eigenlijk het geweld dat overheerst binnen de belijdende kerk! We zijn snel geneigd te vechten — zowel letterlijk als in gesprekken; we prijzen oorlogen wanneer wij ze als gerechtvaardigd beschouwen; we verlangen ernaar het evangelie te verbinden met het Amerikaanse rijk. Dit alles staat lijnrecht tegenover het gesproken en geleefde evangelie van Jezus. Gelukkig beginnen steeds meer mensen het beeld van God te zien, bevrijd van hun eigen projecties. Gelukkig is er hoop voor een generatie die leert om nooit meer oorlog te voeren (zie Jesaja 2:4). Gelukkig is er een frisse hunkering om de god van oorlog voorgoed tot rust te brengen.[12]

---

[12] Volledig hoofdstuk bewerkt uit Matthew Hester, *The Rorschach God: You Thought I Was Exactly Like You…* (Sanford, FL: Four Rivers Media, 2024).

HOOFDSTUK 3

Degenen Die We Hebben Buitengesloten

De consequenties van slechte theologie

Door Steve Chalke, MBE, FRSA

We denken niet vaak aan theologie als gevaarlijk. Het kan aanvoelen als het domein van geleerden en theologen — abstract, intellectueel, losgekoppeld van de urgente realiteit van onrecht, identiteit en pijn. Maar dit is een gevaarlijke illusie. Theologie gaat niet alleen over wat wij van God denken; het bepaalt hoe we met elkaar samenleven. Het vormt onze overtuigingen over wie erbij hoort, wie ertoe doet, wie hulp verdient en wie afgeschreven kan worden. Wanneer theologie verdraaid wordt —wanneer zij angst, uitsluiting of de drang tot controle weerspiegelt — vervormt zij ons beeld van de mensheid zelf. Ze leert sommigen zichzelf als inherent onwaardig te zien, anderen als superieur en weer anderen als veroordeeld. En wanneer die vervormde theologie ook nog wordt bekleed met goddelijk gezag, is de schade die zij veroorzaakt immens: kinderen groeien op met de overtuiging dat ze een gruwel zijn, slachtoffers van misbruik wordt verteld dat ze moeten vergeven en zich moeten onderwerpen, zwarte en bruine lichamen worden systematisch gedevalueerd en hele gemeenschappen worden uit kerken verdreven terwijl die juist hun toevlucht hadden moeten zijn.

Theologie is nooit neutraal. Ze sijpelt door in preken en beleid, in geloofsbelijdenissen en rechtszalen. Ze beïnvloedt hoe voorgangers raad geven, hoe ouders disciplineren, hoe scholen buitensluiten en hoe regeringen heersen. En wanneer die theologie geworteld is in hiërarchie in plaats van nederigheid, in stellige overtuigingen in plaats van compassie, in angst in plaats van liefde — dan verwondt ze. Diep. Niet in abstracte zin, maar in het geleefde leven van mensen die in naam van God het zwijgen worden opgelegd, ze worden beschaamd en naar de marge geduwd. Echte mensen dragen echte littekens van slechte theologie — emotioneel, psychologisch en soms zelfs fysiek. De Kerk kan zich niet veroorloven te doen alsof theologische ideeën onschuldig zijn. Ze hebben wereldrijken gevormd, kolonisatie gevoed, slavernij gerechtvaardigd, vrouwen onderworpen en talloze mensen tot wanhoop gedreven. Als onze theologie geen leven brengt, brengt zij dood. Het is tijd dat we de gevolgen onder ogen zien.

WANNEER LEER GEVAARLIJK WORDT

Neem Maarten Luther — een theologische hervormer die het christendom hervormde door het evangelie weer op genade te centreren. En toch schreef hij aan het einde van zijn leven *Over de Joden en hun leugens*,[13] een giftig, haatdragend manifest. Hij noemde Joden "vergiftigde wormen", pleitte voor het verbranden van synagogen en legde het theologische fundament dat later door de nazi's werd misbruikt. Luthers erfenis herinnert ons eraan: zelfs zij die openbaring brengen, kunnen immense schade veroorzaken wanneer hun theologie gevormd wordt door angst of controle in plaats van door liefde. Wanneer theologie ongecontroleerd blijft — wanneer zij niet aan compassie wordt getoetst — kan ze het ondenkbare rechtvaardigen.

Dit is geen geïsoleerd geval. De Schrift is lang misbruikt om geweld en uitsluiting te rechtvaardigen. Eén vers — *"Een tovenares zult gij niet laten leven"* (Exodus 22:18) — ontketende heksenjachten die leidden tot de marteling en executie van duizenden, meestal vrouwen. De zogenaamde "vloek van Cham" rechtvaardigde slavernij en witte suprematie. Deuteronomium 23:2 werd gebruikt om kinderen die buiten het huwelijk waren geboren te stigmatiseren. Dit zijn niet slechts oude

---
13 Maarten Luther, *Over de Joden en hun Leugens* (1543).

misstappen; hun echo's vormen nog steeds theologieën die verdelen, veroordelen en buitensluiten.

Dit is de prijs van slechte theologie: angst, schaamte en systemische schade vermomd als trouw. Wanneer we de Schrift interpreteren zonder context, zonder compassie, zonder Christus in het centrum, riskeren we heilige woorden in wapens te veranderen. Dogma wordt belangrijker dan mensen. Nederigheid wordt verdreven door stellige overtuigingen. Het resultaat is niet alleen verwarring— het is diepe, blijvende schade.

We zien het vandaag in kerken die ooit apartheid en segregatie verdedigden. Maar we zien het ook subtieler: in leringen die vrouwen vertellen misbruik te verdragen, leerstellingen die LHBTQIA+-mensen tot verlegenheid brengen of die verwonde mensen onder druk zetten hun pijn te onderdrukken. Wanneer theologie mensen leert hun vragen te wantrouwen, hun identiteit te ontkennen of in schadelijke systemen te blijven uit angst voor rebellie, leidt dat niet tot vrijheid maar tot geestelijk trauma.

Stap eens in de schoenen van een LHBTQIA+-persoon die opgroeide in een conservatief christelijk gezin. Stel je het stille uiteenvallen voor dat begint op het moment dat ze beseffen dat hun identiteit niet overeenkomt met wat hun kerk "Bijbels" heeft genoemd. De taal van liefde die ze vanaf de kansel hebben gehoord, begint hol te klinken wanneer die wordt gekoppeld aan selectieve verzen die tegen hen worden ingezet. Leviticus 18:22 wordt met zekerheid en strengheid geciteerd, terwijl andere verzen uit hetzelfde hoofdstuk — verboden tegen het eten van schaaldieren, het dragen van gemengde stoffen of het scheren — stilletjes terzijde worden geschoven. Wat in stand gehouden wordt, is geen Bijbelse consistentie, maar cultureel comfort vermomd als theologisch gezag.

Wanneer levens op het spel staan, debatteren we niet langer over ideeën — dan staan we oog in oog met wanpraktijken.

En de schade is schokkend. Dit gaat niet slechts over dogmatische meningsverschillen — het gaat over diepe psychologische en geestelijke schade. LHBTQIA+-jongeren uit niet-affirmatieve religieuze omgevingen hebben significant meer kans op depressie, angst en suïcidale gedachten. Voor hen wordt de kerk — die een toevluchtsoord had moeten zijn — een plaats van schaamte en trauma. In plaats van dat ze de liefde van Christus ontmoeten, worden velen geconfronteerd met afwijzing, stilte of voorwaardelijke acceptatie die blijvende littekens achterlaat.

Slechte theologie is niet slechts een kwestie van interpretatie. Het is het verschil tussen je gekend of uitgewist voelen, tussen welkom geheten worden of buitengesloten, tussen kiezen voor het leven of richting wanhoop geduwd worden. En toch reduceren kerken deze inzet vaak tot 'meningsverschillen', alsof theologische nuance zwaarder weegt dan menselijk lijden. Maar wanneer levens op het spel staan, debatteren we niet langer over ideeën — dan staan we oog in oog met wanpraktijken.

De tragedie is dat niet alleen individuen gewond raken. Hele generaties keren de Kerk de rug toe, niet uit rebellie maar uit gebrokenheid. Velen houden nog steeds van Jezus. Ze verlangen naar een gemeenschap die Zijn genade en inclusie weerspiegelt. Maar ze kunnen de boodschap van goddelijke liefde niet verzoenen met de uitsluiting en het oordeel dat ze in Zijn naam zien.

Wanneer kerken leren dat trouw betekent dat je onwrikbaar vasthoudt aan geërfde interpretaties — in plaats van aan een levende, ademende relatie met Christus — dan verliezen mensen niet alleen hun vertrouwen in de Kerk. Ze beginnen zich af te vragen of God Zelf wel te vertrouwen is. De Schrift wordt een instrument van angst in plaats van een bron van leven. En de kansel, in plaats van een plaats waar lasten worden weggenomen, wordt juist de plaats waar lasten worden toegevoegd.

MISBRUIK VAN DE SCHRIFT, VERLIES VAN MENSEN

De geloofwaardigheidscrisis waar de moderne Kerk mee te maken heeft, is niet, zoals sommigen beweren, het onvermijdelijke gevolg van oprukkend secularisme of cultureel verval. Het is het gevolg van het eigen falen van de Kerk om de liefde, genade en nederigheid van Jezus te weerspiegelen. Mensen keren het geloof de rug toe omdat het godsbeeld dat ze aangereikt krijgen vaak gewelddadig, inconsistent of wreed is. Wanneer ze de Bijbel openen en verhalen vinden waarin God genocide beveelt, of wanneer ze predikanten slavernij, mannelijke dominantie en uitsluiting horen verdedigen in Zijn naam, dan worden ze niet geconfronteerd met een bovennatuurlijk geheimenis — maar met morele verwarring. Ze blijven achter met de vraag: *Als dit God is, hoe zou ik Hem ooit kunnen vertrouwen?*

We hebben mensen geleerd om verzen uit het hoofd te leren, maar niet om met betekenis te worstelen. We hebben kinderen verteld over de ark van Noach met kleurplaten en tekenfilmachtige dieren — maar het massale verdrinken van de mensheid, dat de kern van het verhaal vormt, hebben we overgeslagen. We hebben bewijs-teksten over zonde en redding gereciteerd zonder ooit te onderwijzen hoe de Schrift gevormd werd door cultuur, context en menselijke beperking. We hebben absolute uitspraken uitgedeeld zonder de instrumenten van onderscheidingsvermogen. Vervolgens zijn we verbaasd dat volwassen mensen onze antwoorden oppervlakkig of afwijzend vinden wanneer ze eerlijke vragen beginnen te stellen.

We lossen dit niet op met luidere muziek, scherpere preken of ambachtelijke koffie. Mensen vertrekken niet omdat de Kerk niet relevant voelt. Ze vertrekken omdat het niet echt voelt. Ze vertrekken omdat we niet vriendelijk genoeg, niet eerlijk genoeg, niet liefdevol genoeg zijn geweest. Omdat we twijfel niet met compassie hebben beantwoord, maar met een defensieve houding. Omdat we in plaats van in de spanning van mysterie te durven zitten, te snel zijn geweest in het beschermen van overtuigen.

Wanneer kerken Bijbelgedeeltes isoleren en uit hun context halen — verzen benadrukken die aansluiten bij hun institutionele waarden, terwijl ze de verzen negeren die hun overtuigingen tegenspreken — dan maken ze een rijke, complexe, door God bezielde bibliotheek van teksten tot een reeks dogmatische soundbites. De Bijbel wordt niet zo zeer een bron van wijsheid maar meer een instrument van controle. Dit verdiept geloof niet, het ondermijnt het. Het leert mensen hun instincten te wantrouwen, hun vragen te onderdrukken en de God die ze zouden moeten liefhebben te vrezen. Uiteindelijk besluiten velen dat als God liefhebben betekent dat ze hun moreel kompas of hun diepste rechtvaardigheidsgevoel moeten verloochenen, ze beter kunnen weggaan.

De Bijbel serieus nemen betekent niet dat we hem als een wapen hanteren, maar dat we hem met eerbied en verantwoordelijkheid gebruiken. Het betekent zijn diepte, zijn tegenstrijdigheden, zijn menselijkheid en zijn goddelijke bedoeling eren. We moeten ophouden te doen alsof de Schrift, geïnterpreteerd zonder liefde, de God kan onthullen die liefde ís. Want wanneer mensen hun vertrouwen in het karakter van God verliezen, blijven ze niet komen enkel om liederen over Hem te zingen. Dan lopen ze weg. En velen hebben dat al gedaan.

KETTERS EN HEILIGE ONTREGELAARS

Ironisch genoeg zijn het vaak juist degenen die als 'ketters' bestempeld worden die de Kerk helpen haar ziel terug te vinden. Jezus Zelf werd door de religieuze elite van Zijn tijd beschuldigd van godslastering en ketterij. Niet omdat Hij God ontkende, maar omdat Hij God belichaamde op manieren die hun denkpatronen doorbrak — door te genezen op de sabbat, te eten met verschoppelingen, zonden te vergeven en liefde boven wet te plaatsen. Ook Petrus kreeg hevige tegenstand toen hij het lef had om heidenen te dopen, in strijd met de zuiverheidscodes die ooit bepaalden wie erbij hoorde. Galileo werd veroordeeld omdat hij volhield dat de aarde om de zon draaide — een wetenschappelijk juiste bewering die echter een theologisch bouwwerk bedreigde dat te star was om zich te ontwikkelen. Beyers Naudé, een blanke Zuid-Afrikaanse predikant, werd geëxcommuniceerd en verguisd door zijn denominatie omdat hij zich uitsprak tegen apartheid en de theologie blootlegde die het systemisch racisme ondersteunde.

Dit waren geen vijanden van de Kerk. Het waren haar hervormers. Ze hielden genoeg van de Kerk om haar te confronteren. Ze geloofden te diep in het evangelie om het te laten verdraaien door angst, nationalisme of wetticisme. Ze zagen waar Christus overschaduwd werd door controle en ze spraken zich uit. Ze stelden geweten boven gemak, overtuiging boven conformiteit, waarheid boven traditie. Hier hing vaak een prijskaartje aan: de weg die ze kozen ging ten koste van reputatie, relaties en positie. Maar hun moed maakte ruimte zodat het evangelie opnieuw adem kon halen. Zij werden de profeten die we achteraf vereren — diegene die te vroeg gelijk hadden.

Het patroon zet zich voort. Hervorming komt zelden uit het centrum van de macht. Ze wordt geboren in de marge — door vrouwen die tegen het glazen plafond van de kerk aanduwen, door voorgangers die het aandurven om gelijkgeslachtelijke koppels te zegenen, door theologen die God opnieuw durven te weerspiegelen op manieren die includeren in plaats van uitsluiten. Deze stemmen worden nog te vaak afgedaan als verdeeldheid zaaiend of gevaarlijk — niet omdat ze geen geloof hebben, maar omdat hun geloof zich weigert te laten opsluiten door oude angsten. Toch leert de geschiedenis ons dat de Kerk deze moedige ontregelaars altijd nodig heeft gehad. Niet om de Kerk te vernietigen, maar om haar te redden van irrelevantie, van verstarring in dogma, van het verliezen van het hart van Christus.

Wanneer we trouw aan traditie verwarren met trouw aan God, verzetten we ons tegen de Geest die we zeggen te volgen. Maar moedige hervormers wijzen ons een andere weg. Ze herinneren ons eraan dat ware trouw er soms uitziet als verzet. Dat heiligheid er soms uitziet als ontwrichting. Dat de Geest van God nog steeds beweegt, nog steeds uitdaagt, nog steeds spreekt, nog steeds hervormt. God zij dank daarvoor. Want als de Kerk een toekomst heeft, zal dat zijn omdat iemand de moed had om te vragen: *Is dit nog steeds hoe Jezus eruitziet?* en ook de moed had om te veranderen toen het antwoord nee was.

LIEFDE: DE ULTIEME LAKMOESPROEF

Dus, hoe weten we of een theologie goed of slecht is? De Bijbel geeft ons een opmerkelijk duidelijke, radicale standaard: *"God is liefde"* (1 Johannes 4:16). Geen controle. Geen veroordeling. Geen tribalisme of angst. Liefde. Dit is niet zacht of sentimenteel — het is de centrale openbaring van wie God is. Liefde is niet één van Gods vele eigenschappen; het is de essentie van Zijn wezen. Als onze theologie die liefde niet weerspiegelt, dan mist zij, hoe orthodox of historisch ze ook lijkt, het doel volledig.

Als onze theologie ons ertoe brengt anderen te beschamen, te marginaliseren, of hiërarchieën in stand te houden die mensen buitensluiten — dan is zij niet van God. Als ze angst veroorzaakt, waardigheid aantast of barrières opwerpt tussen mensen en de genade van Christus, dan draagt ze slechte vruchten. Maar als ze leidt tot compassie, gerechtigheid, verzoening en erbij horen — als ze het beeld van God in de ander eert — dan weerspiegelt ze het hart van het evangelie.

> *Jezus liet ons zien dat de hoogste vorm van heiligheid niet doctrinaire juistheid is, maar radicale, belichaamde liefde.*

Jezus modelleerde deze hermeneutiek met verbazingwekkende helderheid. Hij genas op de sabbat, niet om de wet te trotseren maar om haar met liefde te vervullen. Hij raakte mensen aan die door de wet onrein werden genoemd. Hij gaf vrouwen waardigheid in een cultuur die hen uitwiste. Hij vergaf zondaars nog vóór ze zich bekeerden. En toen Hij Leviticus citeerde, was het niet om het als wapen te gebruiken — maar om de kern te verheffen: "Heb je naaste lief als jezelf." Jezus was nooit geïnteresseerd in het naleven van regels om de regels zelf. Het ging Hem erom of die regels mensen dichter bij het Koninkrijk brachten — of juist verder wegduwden.

We moeten onszelf afvragen: leidt onze benadering van de Schrift ons naar genezing of naar schade? Schept zij ruimte voor mensen om te bloeien, of dwingt zij hen zichzelf te vervormen om in verouderde patronen te passen? Jezus liet zien dat de hoogste vorm van heiligheid niet doctrinaire juistheid is, maar radicale, belichaamde liefde. Het soort liefde dat tafels omverwerpt wanneer systemen onderdrukken, liefde die neerknielt in het stof wanneer iemand op het punt staat gestenigd te worden.

Hervorming is dan ook geen verraad — het is eerbied. Het is een daad van heilige nederigheid. Het zegt: wij geloven dat God nog niet klaar is met spreken. Wij geloven dat de Geest nog steeds leidt. Wij geloven dat waarheid geen fossiel is dat bewaard moet worden, maar een levende werkelijkheid die zich ontvouwt in liefde. Maar het begint met eerlijkheid. Het begint met bekering — niet in vage, veilige termen, maar met echte belijdenis. Echte verantwoording. Echte verandering.

We moeten elk gekoesterd geloofsonderdeel onderzoeken en vragen: draagt dit nog steeds goede vruchten? Lijkt dit nog steeds op Jezus? Zo niet, dan is het tijd om het los te laten. Dit is geen oproep om de Schrift te verwerpen. Het is een oproep om haar serieus te nemen — zó serieus dat we weigeren haar als wapen te gebruiken en erop staan haar te lezen door het perspectief van Degene die het vlees geworden Woord is.

Een theologie die anderen schaadt, is geen theologie die het waard is om te behouden. En als hervorming betekent dat we verkeerd begrepen of bekritiseerd worden, dan zij dat zo. De Kerk is nooit getransformeerd door mensen die comfort boven moed kozen. Zij werd geboren door hervormers die alles riskeerden om het kloppende hart van het evangelie terug te vinden: liefde.

EEN EVANGELIE DAT HET GELOVEN WAARD IS

Het evangelie gaat niet over controle. Het gaat over bevrijding. Het gaat niet over zekerheid. Het gaat over vertrouwen. Het gaat niet over het verdedigen van traditie om de traditie zelf. Het gaat over het belichamen van een liefde die verstoort, geneest en mensen vrijmaakt. In de kern nodigt het evangelie ons uit in een leven dat eruitziet als Jezus — niet een rigide systeem van geloof, maar een levende, ademende weg van compassie, moed en gastvrijheid.

Jezus kwam niet om macht te beschermen maar om haar af te breken. Niet om religieuze macht te beschermen, maar om de hekken neer te halen die mensen buitensloten. Hij kwam niet om de gebrokenen te beschamen, maar om naast hen te staan, hen te genezen en hen geliefd te noemen. Hij ontmoedigde het stellen van vragen niet, Hij verwelkomde ze. Hij eiste geen blinde conformiteit — Hij riep mensen op om te denken, te voelen, en lief te hebben. Als onze theologie niet op Jezus lijkt —als zij geen ruimte maakt aan de tafel, de gewonden verbindt en de lang genegeerde stemmen verheft — dan lijkt zij niet op God.

> *Laat ons ketters zijn als het moet, zolang we maar trouw blijven aan de God die liefde is.*

Christus volgen is het omarmen van het lange, moedige werk van hervorming. Het is in ongemak zitten. Het is afleren van datgene wat schaadt. Het is de verleiding te weerstaan ons comfort te behouden ten koste van iemands waardigheid. Het vergt nederigheid om toe te geven dat we het misschien mis hadden. Het vergt volwassenheid om geloof te laten groeien. En het vergt moed om opnieuw te beginnen — niet vanuit bitterheid, maar met liefde als onze gids.

De Kerk staat op een kruispunt. Velen zijn weggelopen — niet omdat ze hun geloof in God hebben verloren, maar omdat het beeld van God dat hun werd aangereikt te klein, te boos, te voorwaardelijk was om op te vertrouwen. De prijs van slechte theologie is nog nooit zo hoog geweest. Als we van de Kerk houden, moeten we bereid zijn haar te veranderen. Laat ons ketters zijn als het moet, zolang we maar trouw blijven aan de God die liefde is. Laat ons hervormers zijn, niet omdat we minachten wat was, maar omdat we geloven dat er iets beters mogelijk is.

Theologie kan genezen. Maar alleen als we haar weer laten ademen — als we haar niet alleen laten spreken vanaf kansels, maar ook vanuit de pijn van de mensen, door de vragen van de twijfelaars en de kreten van hen die te lang buitengesloten zijn. Het zal moed vergen om luider lief te hebben dan we geoordeeld hebben. Sneller te hervormen dan we gekwetst hebben. Maar dit is de roeping.

En misschien nog wel het belangrijkste, we moeten nooit ophouden onszelf af te vragen: *Welk soort vrucht brengt onze theologie voort?* Als zij geen gerechtigheid, barmhartigheid, nederigheid en liefde voortbrengt, dan is het niet de theologie van Jezus. Hervorming is dan ook geen verraad aan het geloof, het is de vervulling ervan. Het is de weg naar leven.

Laten we die weg moedig bewandelen, met compassie in ons hart en moed in onze handen, totdat de Kerk minder op angst begint te lijken en meer op Christus.

HOOFDSTUK 4

Eerlijk tegenover God

De Moed om Authentiek te Zijn

Door David de Vos

De geschiedenis staat vol verhalen van mannen en vrouwen die door God gebruikt zijn. Helden tegen wie ik opkijk. Soms lijken ze bijna bovenmenselijk, alsof ze de status van superheld hebben bereikt. "Goed gedaan, goede en trouwe dienaar" — dat zijn de meest vervullende woorden die je aan het einde van de weg zou kunnen horen.

Totdat ik weer hoor over iemand die gevallen is. Elke keer komt dat nieuws hard aan, alsof de Bijbel zelf al niet vol genoeg staat met zulke verhalen. Eenmaal aan de kant geschoven, herstellen sommigen zich nooit meer echt. Elke leider die valt, is voor mij een spiegel. Ben ik de volgende? Ben ik niet radicaal genoeg? Nog steeds vatbaar voor de begeerten van deze wereld? Wanneer word ik gestenigd?

Diep vanbinnen weet ik dat ik niet beter ben dan de leiders die vallen. Diep onzeker, met een groot ego en een drive die, ik geef toe, soms meer draait om erkenning zoeken dan om geleid te worden door Gods Geest.

Dus daar is het. Ik heb het gezegd: ik ben verre van perfect.

HET IS ONVEILIG OM EERLIJK TE ZIJN

Voor leiders is het vaak onveilig om met hun imperfecties naar buiten te komen. De reacties van christenen zijn soms hard, veroordelend en zonder vergeving. En toch zouden wij degenen moeten zijn die bekendstaan om Gods liefde, de mogelijkheid om opnieuw te beginnen, en de gave van een tweede kans.

Ik herinner me levendig een interview met de voormalige Hillsong NYC-pastor Carl Lentz. Zijn schandaal was zo openbaar dat niemand dacht dat hij ooit nog zou opkrabbelen. Nu deelt hij, naar mijn mening, zijn verhaal op een rauwe en eerlijke manier. Sommigen zien het misschien als een nieuwe poging tot aandacht, maar ik geloof hem.

In dat interview zei hij iets dat me raakte: "Leiders die een geheim leven leiden, willen dat leven verborgen houden — zeker als ze zien hoe ik behandeld werd op het moment dat alles uitkwam." Zijn woorden troffen me. Om dezelfde cancelcultuur te vermijden, blijven velen in de schaduw. Totdat het voor hen ook te laat is.

Ik heb een besluit genomen: ik wil mijn eerlijke verhaal vertellen. Geen nieuw superheldenverhaal, maar het verhaal van een bakker die evangelist werd. Die vervolgens ontdekte dat achter de schermen van deze zo mooie wereld gewoon gewone mensen zitten. Prachtige, maar ook gebroken mensen, met menselijke behoeften en gewoonten. Mensen die soms in Gods naam onbegrijpelijke dingen doen — dingen die ik niet herken in Jezus. Het verhaal van een evangelist die het een tijdlang niet allemaal op een rijtje had.

ACHTER HET IJZEREN GORDIJN

Ik wilde het anders doen. Broeder Andrew, oprichter van Open Doors, gaf me ooit advies tijdens een kop koffie: "David! Als je ooit je verhaal wilt vertellen, wees dan niet zo dwaas om het zelf te schrijven. Laat een goede schrijver dat doen." Als iemand het recht had om dat te zeggen, was hij het wel. Hij had miljoenen exemplaren van *God's Smuggler*[14] verkocht. Hij was een slager, ik een bakker. "De slager en de bakker", grapte hij, "wie had gedacht dat God ons zou willen gebruiken?"

Andrews verhaal ging over het smokkelen van Bijbels achter het IJzeren Gordijn. Dat gordijn is nu verdwenen. Dus wat was mijn verhaal? Ik predikte de ABC's van het evangelie en had de absolute eer om evangelist Reinhard Bonnke te ontmoeten, voor hem te preken en zelfs in soortgelijke zalen te staan voor duizenden mensen. In

---
14 Andrew, Brother, John L. Sherrill, and Elizabeth Sherrill. God's Smuggler. 35th anniversary ed. Grand Rapids, MI: Chosen Books, 2001.

Nederland werd ik een van de meest gevraagde sprekers. Maar er zijn er duizenden zoals ik.
En toch… wacht. Er is nog steeds een 'ijzeren gordijn'. Het gordijn van de schaduwkant van mijn eigen hart en ziel. De plek waar ik liever niet kwam. De plek waar ik soms twijfelde aan God —of eigenlijk aan de manier waarop georganiseerde religie Hem uitbeeldde.
Die plek is dor en droog, een plek met de schaduw van de dood. Mijn depressieve gevoelens zaten daar verborgen, en ik wist niet waarom. Daar lagen ook mijn fantasieën en meest zondige verlangens. Nee, niet die reis…

DE INNERLIJKE REIS

Jezus nodigde me uit op een innerlijke reis naar de delen van mezelf die ik niet onder ogen wilde zien. Delen die ik onderdrukte of overstemde met een van mijn radicale preken. Het werd een lange, slopende reis van zeven jaar. Onvoorspelbaar, beangstigend en onzeker.

Ik leerde over menselijke behoeften — behoeften die we allemaal hebben. De enige vraag is: hoe vervul je ze? Goddelijk, neutraal of destructief? Waarom deed ik wat ik deed? Waarom verlangde ik zo naar aandacht? Ik heb ontelbare tranen gehuild op zoek naar genezing. Als de Bijbel zegt dat God je tranen verzamelt in een fles, dan heeft Hij van mij wel een heel magazijn vol.

Ik ontdekte dat deze reis allesbehalve simpel was. Het was niet iets van: *"Kom naar voren, we bidden, en morgen is alles anders."* De boodschap die ik jaren had gepredikt — en zo wanhopig zelf wilde geloven — moest ik onder ogen zien. Deze innerlijke reis liet zich niet vangen in een snel gebed.

Tijdens mijn herstel besefte ik dat ik veel meer nodig had dan alleen een 'geestelijke' oplossing. Als mensen holistische wezens zijn — samengesteld uit geest, ziel en lichaam — dan moest ik aan al die elementen werken. En man, wat was ik daar bang voor. Mij was geleerd dat alles wat een alternatief bood voor het simpele gebed — dat mij als oplossing voor álles was aangereikt — per definitie van de duivel was.

Voor velen van jullie is dit misschien nieuw, maar in veel evangelische en charismatische kringen wordt dit nog steeds geloofd en gepredikt. Ik ontdekte pijnlijk dat sommige seculiere coaches en therapeuten het evangelie beter leken te leven en te onderwijzen dan ik het ooit had gezien.

Midden in een van mijn diepste depressieve periodes vloog ik naar Tulsa. Daar ontmoette ik een vriend en mentor, ook een evangelist. De koffie was goed, het ontbijt nog beter, maar de gesprekken waren het allerbeste. Ik ontdekte dat wanneer je mensen benadert met kwetsbaarheid en eerlijkheid, ze vaak reageren met zachtheid en begrip — zo ook mijn vriend.

Net voordat we afscheid namen, zei hij iets dat mijn aandacht trok: "David, de Kerk heeft altijd verschillende golven van de Geest gekend. Er was een golf van genezing, een golf van geloof en een golf van de openbaring van genade. Maar de volgende golf zal de therapeutische kerk zijn." Ik weet niet eens of hij er zelf enthousiast over was, maar ik vond waarheid in zijn woorden.

THERAPIE IN EEN NOTENDOP
Mijn eerste ervaring met therapie voelde ongemakkelijk. Ik liep twee trappen omhoog naar een kantoorruimte die meer leek op een knusse woonkamer. *"Wilt u thee of water?"* vroeg de therapeut vriendelijk. *"Nee, dank u"*, antwoordde ik kortaf. Eenmaal binnen viel me de doos tissues meteen op. Ik zakte neer in een bank omringd door zachte kussens, duidelijk doorleefd door eerdere tranen.

> *Als je tegen anderen zou spreken zoals je soms tegen jezelf spreekt, zou je waarschijnlijk geen vrienden meer hebben.*

Ik voelde meteen weerstand. Wat doe ik hier? Ben ik stuk? Heb ik hulp nodig? Ben ik niet meer dan overwinnaar? Maar ik wist ook dat ik de stemmen moest confronteren die ik jarenlang had onderdrukt.

We hebben allemaal een prachtige persoonlijkheid. Sommigen noemen het je ware zelf; ik denk er soms aan als het wedergeboren deel van ons. Die goddelijke stem die fluistert: *"Het komt goed. Je bent geliefd."* Maar we hebben ook andere innerlijke delen: de ambitieuze carrièretijger, de redder, de betweter. En dan is er de innerlijke criticus, die ongelooflijk hard kan zijn. Als je tegen anderen zou praten zoals je soms tegen jezelf doet, had je waarschijnlijk geen vrienden meer.

En dan zijn er nog de delen die in de schaduw leven: het innerlijk gekwetste kind, de adolescent die in de tijd is bevroren en de delen die proberen deze kwetsbare kanten te beschermen — vaak door middel van fantasieën over succes, macht of zelfs seksuele verlangens. Alles wat mij geleerd was, kwam neer op dit: Dit is zonde. Bekeer je. Stop ermee. Maar niemand sprak ooit over waarom deze delen bestaan. Wat willen ze? Waarom blijven ze opduiken?

Therapie leerde me om met compassie naar elk deel van mezelf te kijken — zelfs naar de delen die ik ooit veroordeelde of onderdrukte.

Ik leerde dat het allemaal beschermers zijn — delen van je innerlijke wereld die je ooit hielpen moeilijke tijden te overleven. Maar deze beschermers beseffen niet dat je ware, wedergeboren zelf nu — met Gods hulp — het kan overnemen.

En dan is er nog generatie-trauma — onverklaarde pijnen die vaak worden afgedaan als demonische invloeden. Maar de enige weg naar volledige genezing is diepe liefde en genade voor elk deel van jezelf. Het vraagt om begrip, luisteren en het ontwikkelen van nieuwe, gezonde gewoonten om de behoeften van deze delen op een heilzame manier te vervullen.

Therapie leerde me om met compassie naar elk deel van mezelf te kijken — zelfs naar de delen die ik ooit veroordeelde of onderdrukte. Dit is geen zwakte; het is een stap richting heelheid en vrijheid.

Als ik een schaduw had, een ijzeren gordijn dat ik niet onder ogen wilde zien, dan weet ik zeker dat al die gevallen predikers dit ook hadden. Zij probeerden het in het donker te managen totdat de rommel zo groot werd dat het in hun gezicht ontplofte. Het resultaat? Schandalen die leidden tot hun publieke afrekening, waardoor zijzelf en hun gezinnen in puin achterbleven.

DE ROMMELLADE VAN DE ZIEL

Het is net als een rommellade of een kast — de plek waar je snel alles in stopt voordat er gasten komen. Of die garage, die langzaam volloopt met spullen die nergens anders heen kunnen. Maar uiteindelijk raakt de lade, kast of garage zo vol dat de rommel eruit begint te vallen. De lade gaat niet meer dicht. De deur weigert nogte sluiten. Op dat moment heb je geen keus meer: je móét opruimen, of je nu wilt of niet.

Zelfs mijn publiek moest zich hierin herkennen, het kon niet anders. Zodra je ogen eenmaal open zijn, kun je de rommel niet meer ontzien. Ik begon me steeds minder thuis te voelen in de politieke wereld achter de schermen van de Kerk.

Dus besloot ik all-in te gaan: rauw te zijn, echt te zijn, en geen geheimen meer te hebben. Ik wilde het meest eerlijke en rauwe verhaal vertellen, geen heldenverhaal. Om dat te doen, wist ik dat ik iemand nodig had die me zou helpen dit met volledige authenticiteit te verwoorden. Ik herinnerde me dat koffiemoment met Anne van der Bijl: *"Doe dit niet alleen, David. Wees niet zo dwaas!"* Zijn woorden bleven hangen. Ik besloot een seculiere schrijver te zoeken — iemand die niet geloofde, iemand die dit van buitenaf kon bekijken. Dat werd Marcel Langedijk. Hij had meerdere bestsellers geschreven over beroemdheden en zelfs een boek over de euthanasie van zijn broer. Alleen dat al maakte hem verfrissend anders.

LICHT WERPEN OP MIJN SCHADUW

Door licht te schijnen op mijn eigen schaduw, kwamen mijn christelijke collega's plotseling ook in de schijnwerpers te staan en ze waren me daar allerminst dankbaar voor. Christenen verbranden tegenwoordig misschien geen mensen meer op de brandstapel, maar online doen ze dat zeker wel. Mijn boek veroorzaakte meer opschudding dan ik ooit had kunnen bedenken. Een artikel in een landelijke krant noemde mij de "evangelische klokkenluider".

Zie je wel? dachten mensen, *die wereld zit vol leugens en hypocrisie.* Mijn boek was nog niet eens uitgebracht; het was alleen aangekondigd door een journalist die een inkijkexemplaar had gelezen. De wereld ging los: mijn telefoon stond roodgloeiend, en binnen no time schreven alle grote kranten over mij. Mijn video's gingen viraal en ik zat aan tafel bij de grootste talkshow van het land. Omdat mensen zichzelf herkenden in mijn verhaal. Ik kreeg honderden berichten van ex-kerkgangers, transgenders, LHBTQIA+'ers en anderen die buitengesloten waren omdat ze 'anders' waren of 'in zonde leefden'. In mijn ogen waren dit juist de mensen voor wie Jezus gekomen was —althans, zo lees ik de Bijbel. Onbedoeld werd ik een stem voor deze groep.

Ik was enthousiast, want dat paasweekend hadden we onze Simply Jesus-conferentie gepland. *Wauw, dacht ik, al die honderden vergeten mensen komen terug naar de kerk.*

Toen kreeg ik een telefoontje van de senior pastor van de megakerk waarmee we samenwerkten voor de conferentie. Ik zal je de details besparen, maar het was een onaangenaam gesprek. Volgens hem had ik de bruid van Christus bezoedeld. Hoe kon ik zo over gelovigen spreken? Hij voelde zich verantwoordelijk voor de kerk en stapte naar de media met de verklaring dat ik ongeschikt was en dat de leiders die ik noemde — die misschien worstelden met pornografie of ego — zeker niet bestonden in zijn wereld.

Toen ik hem smeekte de conferentie niet te annuleren, omdat juist deze kerkverlaters terugkwamen, was zijn kille reactie: *Die mensen zijn toch alleen maar verbitterd en teleurgesteld.*

GECANCELD DOOR DE KERK

Het gebeurde recht voor mijn ogen: ik werd gecanceld. Nu stond het zelfs in het landelijke nieuws. Het haalde zelfs Wikipedia. Maar goed, ook Jezus werd uit de synagoge gegooid. Toen Hij de tempel schoonveegde, zullen er ongetwijfeld stemmen zijn geweest die zeiden: *"Hij heeft een punt, maar moet het op deze manier?"*

Mijn rauwe eerlijkheid werd niet door iedereen gewaardeerd. Ik heb gemerkt dat het vaak juist degenen zijn die hun eigen 'ijzeren gordijn' nog niet onder ogen hebben gezien, die zich het sterkst vastklampen aan hun ideale christelijke waarden en weigeren hun menselijkheid te omarmen. En dat, geloof ik, is nu precies de kern van het evangelie.

> *We bidden vaak voor nieuwe dingen, maar wanneer ze komen, doen we de deuren dicht.*

Nooit had ik gedacht dat mijn boodschap zo'n golfbeweging teweeg zou brengen. Maar het zegt veel over deze tijd, over deze generatie. Ze verlangen naar échte verhalen. In een wereld waarin je je voortdurend moet afvragen: "Is dit door een mens gemaakt of door AI gegenereerd?" hunkeren mensen naar authenticiteit en echte voorbeelden.

Toen de kerk haar deuren voor mij sloot, besloot ik mijn boodschap naar de theaters te brengen. Rauw vond een podium door het hele land. Duizenden kwamen kijken en luisteren — ex-kerkgangers, LHBTQIA+'ers en zelfs moslims.

Mijn reis heeft me zachter gemaakt. Sommigen zien mij nu misschien als een softie, niet radicaal genoeg meer. Er zijn mensen die zich zorgen maken over mijn pad, maar ik weet dat mijn hart nu een vrijere koers vaart. *"Want God heeft Zijn Zoon niet in de wereld gezonden opdat Hij de wereld zou veroordelen, maar opdat de wereld door Hem behouden zou worden"* (Johannes 3:17 HSV).

Heb jij deze reis al gemaakt? Sta je open om een onverwachte stem uit een onverwachte hoek te horen? We bidden vaak voor nieuwe dingen, maar wanneer ze komen, doen we de deuren dicht.

De kern van het volgen van de Weg heeft niets te maken met hoe groot je geloof is of hoe perfect je je imago hebt opgepoetst. Het gaat erom of je hebt leren liefhebben, zelfs wanneer je iemand anders niet volledig kunt begrijpen. Met, naar men zegt, zo'n 45.000 denominaties wereldwijd, staan we voor de uitdaging om één te worden. Gelukkig betekent één zijn niet dat we het altijd eens hoeven te zijn. Kun jij liefhebben, ook als je het niet begrijpt?

Ik geloof dat dát het evangelie is![15]

---

[15] Volledig hoofdstuk bewerkt uit David de Vos, "Honest to God: Embracing the Courage to Be Authentic," *AVAIL Journal*, nr. 21 (voorjaar 2025).

HOOFDSTUK 5

Leiden Wanneer de Wereld op Zijn Kop Staat

Het Herontdekken van de Kerststal als Blauwdruk voor Bediening

Door Allison van Tilborgh-Martinous, MTS

Toen ik opgroeide, had mijn vader een hekel aan Kerst.

Als je hem vroeg waarom, kon hij niet precies aanwijzen wanneer het mis was gegaan tussen hem en het feest, maar het hing vaag samen met twee kernherinneringen. Ten eerste: het jaar dat de kerstboom in hun woonkamer vlamvatte — in de tijd dat mensen nog echte kaarsen op een spar zetten (achteraf gezien een ronduit rampzalig idee). En ten tweede — en veel hardnekkiger — een leven lang gedwongen worden om trage, sombere kerstliederen te zingen in een kleine Nederlands-gereformeerde kerk in een klein stadje in Nederland.

Als je doorvroeg, haalde mijn vader — die bovendien het grootste deel van mijn jeugd ook nog predikant was — gewoon zijn schouders op en zei: *"Het is deprimerend."* Eerlijk gezegd ken ik heel wat predikanten die hem daar stilletjes gelijk in geven.

Kerst is prachtig, ja — maar het kan ook voelen als leeg en oppervlakkig. Het is koud. Het is grijs. Het vergroot spanningen binnen families, geeft financiële zorgen en is het is een jaargetijde van depressies. De verwachtingen zijn torenhoog, maar ondertussen moet je tóch op dat podium staan en de vreugde van de Heer brengen alsof je leven (en de jaarafsluiting van de begroting) ervan af hangt.

Meer dan één predikant met wie ik heb gewerkt, noemt Kerst gekscherend 'de tweede Super Bowl' — met Pasen natuurlijk op nummer één. Het is een geefmoment, een groeimoment, een bezoekersmoment. En ergens tussen de kaarslichtdienst en de collectezak door, ligt er een subtiele maar heel reële druk om het allemaal perfect te doen.

Daarbovenop voelt het verhaal zelf vaak ... uitgekauwd. Het is al duizend keer verteld, geschilderd, gepreekt, opgevoerd, herschreven en verfilmd. Hier in Florida draaien we instrumentale versies van *The First Noel* terwijl we bubbelmachines inzetten als 'nepsneeuw' in 27 graden hitte, en proberen we onszelf ervan te overtuigen dat het ons nog steeds raakt.

Maar laten we eerlijk zijn: hoe vaak kun je "Vrede op aarde, in de mensen een welbehagen" zingen voordat het meer aanvoelt als een plicht dan als een openbaring? Misschien denk je nu terwijl je dit leest: *"Ja, ik snap het. Ik ken het verhaal."* Ik ken de maagdelijke geboorte. De wijzen. De herders. De ster.

Maar... ken je het echt?

Wanneer heb je voor het laatst werkelijk bij dit verhaal stilgestaan—niet als een preek die je moet brengen of een script dat je moet instuderen, maar als een echt, rauw, diep menselijk moment in de geschiedenis?

Laat me je het gezelschap nog even voor ogen brengen:
» Een ongehuwd tienermeisje, negen maanden zwanger, ver van huis.
» Haar verloofde, die niet de vader is, en zich afvraagt wat trouw-zijn betekent.
» Arme herders, die niets meebrengen behalve hun verwondering.
» Buitenlandse miljonairs die onpraktische geschenken en een vleugje heilige verwarring meenemen.
» Een paar staldieren, die gewoon hun deel doen.
» Een stukje land dat biedt wat mensen weigeren te geven.
» En een hulpeloos kind, in doeken gewikkeld, gehuld in mysterie, van wie gezegd wordt dat hij het rijk ten val zal brengen.

Het staat allemaal volledig op zijn kop.
En dat is precies de bedoeling.
Want niets aan dit tafereel schreeuwt "God met ons." En toch is het juist dit rommelige, eigenaardige, ontwrichtende tafereel dat de grootste waarheid van leiderschap en leven onthult: er is altijd nog hoop, juist wanneer de wereld op zijn kop staat.
En zeker voor hen die geroepen zijn om er leiding in te geven.

MARIA: LEIDERSCHAP WANNEER ALLES INSTORT

Denk eens terug aan toen je zestien was. Wat hield je 's nachts wakker? Gedoe op school, modekeuzes, een geheime liefde die niet terug-appen wilde. Of, als je net als ik rond de eeuwwisseling geboren bent, dan was het waarschijnlijk je Instagram-netwerk.

En stel je nu Maria eens voor — waarschijnlijk ongeveer diezelfde leeftijd — die een van de meest verwarrende, ongelooflijk onhandige en slecht getimede leiderschapsopdrachten in de geschiedenis op zich neemt.

Laten we de balans opmaken:
» Ze is zwanger.
» Ongehuwd.
» Allesbehalve in controle over haar eigen situatie.

Haar reputatie? Aan diggelen. Haar geloofwaardigheid? Verdacht.

Er is geen plan. Geen mentor. Geen draaiboek.

En toch draagt ze — letterlijk en geestelijk — een roeping die niemand anders begrijpt.

En precies op het moment dat het allemaal niet ingewikkelder lijkt te kunnen worden, moet ze op bevel van het keizerrijk meer dan 150 kilometer reizen — negen maanden zwanger. Te voet. Door heuvels. Voor een volkstelling. Enkel en alleen vanwege de verre afstamming van haar verloofde van koning David. Dat is de logistieke reden. De werkelijke reden? Keizerlijke macht.

Niets aan deze situatie is ideaal. Alles eraan is vreemd. En toch gaat ze.

Dit is leiderschap wanneer niets logisch lijkt. Wanneer de timing verkeerd is, de omstandigheden verkeerd zijn, de mechanismes om je heen onverschillig of vijandig zijn, en de mensen om je heen geen idee hebben wat je werkelijk doormaakt.

Leiden is makkelijk wanneer de strategie helder is en de spreadsheets kloppen. Maar iets totaal anders wanneer de weg onbekend is, je lichaam uitgeput is, je naam rondgaat in roddelkringen en je enige zekerheid de vage herinnering is aan een goddelijke fluistering waar je maanden geleden "ja" tegen zei.

Søren Kierkegaard omschreef geloof ooit als "met hartstocht vasthouden aan onzekerheden." Dat is Maria. Geen blinde gehoorzaamheid, maar koppige, belichaamde overtuiging te midden van absurditeit. Niet omdat ze zonder angst was. Maar omdat er iets heiligs gebeurde — of anderen dat nu zagen of niet.

Ze kon de timing niet bepalen. Ze kon de omstandigheden niet kiezen.

Maar ze droeg de roeping evengoed.

En ondanks de pijn, de drukte, de sociale afwijzing en de totale onvoorspelbaarheid, bleef ze doorgaan. Niet omdat de omstandigheden bevestigend waren — maar omdat Gods stem dat ooit was.

Thomas van Aquino schreef: "Liefde neemt het over waar kennis ophoudt."[16] Misschien was dat wat haar staande hield. Niet de duidelijkheid, maar liefde. Liefde voor wat beloofd was. Liefde voor de mensen die op haar rekenden. Liefde voor de God die iets had ingefluisterd dat nog geen vorm had gekregen.

Maria's leiderschap was niet luid. Het was niet publiek. Maar het was standvastig. Ze verschijnt in de stal — moe, waarschijnlijk bloedend, omringd door vreemden, nog nahijgend van de bevalling — en toch leidt ze.

En de Schrift zegt: *"Maar Maria bewaarde al deze woorden en overlegde die in haar hart"* (Lucas 2:19, HSV).

Niet pas toen alles makkelijker werd. Niet pas toen het verhaal klopte.

Maar midden in de chaos.

JOZEF: DE KRACHT OM TE STEUNEN WAT JE NIET BEGON

Tegenwoordig verrast het niemand meer dat het Palestina van de eerste eeuw sterk door mannen gedomineerd

---

16 Thomas van Aquino, *Summa Theologica*, II-II, q. 27, a. 4, ad 1, vert. Paters van de Engelse Dominicaanse Provincie (New York: Benziger Bros., 1947).

werd. Alles — status, afkomst, legitimiteit — liep via de naam van de man. Daarom moest Maria, hoogzwanger, zo'n lange reis maken: omdat zij juridisch en cultureel al 'bij Jozef hoorde' — haar locatie werd meer bepaald door zijn afstamming dan door haar fysieke staat.

Zelfs het evangelieverhaal wijst in die richting. In Mattheüs maken we kennis met Jozef, niet door zijn karakter of beroep, maar door zijn genealogie. En toch: voor een man die het verhaal binnenkomt via zijn bloedlijn, heeft Jozef's echte nalatenschap niets te maken met biologie.

We weten weinig van hem — alleen dat hij verloofd was met Maria en dat hij, toen hij hoorde dat ze zwanger was, van plan was de verloving in stilte te verbreken. Niet uit woede, maar omdat hij haar niet publiekelijk te schande wilde maken. Stille kracht. Standvastig karakter.

Uiteindelijk legt hij zich neer bij de hele 'Heilige Geest-conceptie-situatie'. Hij blijft. Hij trouwt met haar. Hij geeft het kind een naam. En hij voedt de zoon van een ander op.

Dat laatste is belangrijk.

Want leiderschap kent seizoenen waarin je wordt gevraagd een visie te dragen die je zelf niet hebt geformuleerd. Iets te beschermen wat je zelf niet bedacht hebt. Ruimte te maken zodat iemand anders kan schitteren — zelfs terwijl het podium vroeger voor jou bedoeld leek te zijn.

Jozef vecht niet om in het middelpunt te staan — hoewel de cultuur waarin hij was opgevoed dit waarschijnlijk wel zou aanmoedigen. In bijna elke Byzantijnse

kerstmozaïek zit hij ergens in de hoek. Een schaduwfiguur aan de zijlijn. Niet omdat hij passief was. Maar omdat hij ervoor koos geen spotlight op te eisen die hem cultureel gezien eigenlijk wel toekwam. Hij kende zijn rol en hij vervulde die met kracht.
Dat is leiderschap. En het is zeldzaam.

De meest vitale leiders zijn vaak niet degenen die vooraan staan — maar degenen die het verhaal stilletjes dragen van achter de coulissen.

Zijn Maria en Jezus zijn bloed? Nee. Maar zijn ze zijn familie? Absoluut. Omdat hij voor hen kiest. Niet vanuit verplichting. Niet voor het aanzien. Maar uit liefde. Sommigen noemen dit 'gekozen familie'. Ik zou zeggen: het is ook 'gekozen leiderschap'.

Want leiderschap gaat niet altijd over benoemd worden. Soms gaat het over opstaan wanneer niemand je verwacht.

Over verantwoordelijkheid nemen voor iets wat je niet hebt voortgebracht, iemand verdedigen aan wie je niets 'verschuldigd' bent, investeren in iets dat nooit jouw naam zal dragen.

Jozef had kunnen weglopen. Sterker nog, elk cultureel script dat hij kende, zei hem waarschijnlijk dat hij dat moest doen.

Maar in plaats daarvan blijft hij. Hij luistert. Hij past zich aan.

Hij voedt een kind op dat niet van hem is en draagt zorg voor een gezin dat hem oorspronkelijk niet toebehoorde.

Jozef laat ons een versie zien van mannelijkheid — en bediening — die niet draait om dominantie, maar om aanwezigheid. Hij beschermt. Hij voorziet. Hij gelooft. Hij blijft.

In een wereld die vooral de grote visionairs en podiumbouwers bejubelt, herinnert Jozef ons eraan dat de meest vitale leiders soms juist diegenen zijn die stilletjes het verhaal dragen van achter de coulissen.

De cultuur verwachtte bravoure. Hij biedt geloof. De omgeving verwachtte dat hij weg zou lopen. Hij kiest ervoor nabij te blijven. Zijn taak is niet om indrukwekkend te zijn. Zijn taak is om trouw te zijn.

Voor predikanten en leiders, zeker degenen die dienen onder een andere leider, kan dat wel eens de meest radicaal belangrijke rol van allemaal zijn.

DE HERDERS: DE KRACHT VAN VERWONDERING IN EEN CYNISCHE WERELD

Het was gewoon weer een nachtdienst. Een groep herders, waarschijnlijk half in slaap, die zachtjes met elkaar praatten om wakker te blijven, terwijl hun ogen de horizon scanden op roofdieren. Hetzelfde ritme als altijd: de kudde beschermen, alert blijven, zelf niet opgegeten worden. Plotseling: een geluid. Een flits van licht. Iets vreemds in de lucht.

Een van hen denkt een geest te zien. Nog voor ze het kunnen bevestigen of ontkennen, barst de hemel open met een soort mystiek leger. Niet bepaald een doorsnee werkongeval. 'Hallucinatie-achtig', om het zacht uit te drukken. Ze zijn doodsbang. In de war. Maar misschien ook ... een beetje opgewonden? Bij arme herders als zij gebeurde er immers nooit iets spannends.

En toch zijn zij de eersten die het bericht krijgen.

De boodschap is bizar:

» De Messias is er (nu!)
» Hij is een baby
» Je vindt Hem gewikkeld in doeken en liggend in ... een voederbak

Je kunt je voorstellen dat minstens één van de herders zich afvroeg of hij niets iets verkeerds had gegeten dat hem nu waanbeelden gaf. Dit was niet alleen onverwacht — het was belachelijk. Zulk nieuws hoorde naar paleisfunctionarissen of naar de religieuze elite te gaan. Maar nee, het kwam bij mannen die in velden sliepen en naar schapen roken.

En misschien is dat precies de bedoeling.

Het Koninkrijk breekt niet door macht of status binnen, maar door nabijheid en opmerkzaamheid, via hen die dicht genoeg bij de rand van de samenleving staan om nog echt op te letten.

De herders analyseren het niet kapot. Ze verwerpen het niet. Ze eisen geen referenties. Ze verwonderen zich. En dan gaan ze op weg.

> **Soms is het meest gelovige wat een leider kan doen: pauzeren, aanschouwen, *en je hart opnieuw laten raken.***

Ze steken de heuvels over in de nacht, misschien giechelend, misschien verstild. Misschien volgen hun dieren onrustig achter hen aan en verstoren ze de orde van de kudde. Misschien begrepen de herders meteen wat wij nog steeds moeilijk vinden: dat in deze nieuwe wereld de kleine dingen het meest tellen. Dat verwondering geen zwakte is. Dat nederigheid niet het gebrek aan leiderschap betekent — maar het begin ervan.

Ze brachten geen invloed of inzichten mee. Ze hadden geen strategisch plan. Maar ze brachten iets dat we te vaak vergeten te waarderen: puur, ongefilterd ontzag.

In een tijd waarin leiderschap vaak synoniem is voor zekerheid, visie en controle, herinneren de herders ons eraan dat sommige van Gods grootste bewegingen beginnen met onderbrekingen en verwondering — niet met spreadsheets en strategie.

Die nacht hadden ze niet veel te geven. Maar ze boden hun nieuwsgierigheid. Hun vreugde. Hun beweging richting het mysterie. En in ruil daarvoor zagen ze glorie.

Soms is het meest gelovige wat een leider kan doen: *pauzeren, aanschouwen,* en je hart opnieuw laten raken.

DE WIJZEN: DE NEDERIGHEID OM TE AANBIDDEN WAAR JE DAT HET MINST ZOU VERWACHTEN

De wijzen konden niet meer verschillen van de herders. Rijk. Geleerd. Waarschijnlijk ouder. Bereisd. Religieus, ja — maar totaal niet in lijn met het Joodse geloof. Dit waren geen insiders. Geen lokale bevolking. Ze deelden noch de theologie, noch de afkomst, noch zelfs de taal van het verhaal waar ze instapten.

En toch verschijnen ze.

Stel het je voor: drie rijke buitenlanders die een naar vee en kraamzweet ruikende stal binnenstappen. Ze stappen over mest, langs een uitgeput tienermeisje met haar verwarde verloofde en komen in een situatie die zo ongelooflijk overweldigend is, dat het hen moet hebben doen stilstaan. Dit was niet de plek waar ze verwacht hadden dat die stralende ster hen heen zou leiden.

Ze brachten dure geschenken — wierook, mirre, goud. Geen van allen praktisch. Geen van allen nodig op dat moment. (Stel je voor dat je parfum probeert te ruilen voor een schone deken of een slaapplaats.) En toch buigen ze. Toch knielen ze. Ze veranderen de omstandigheden niet. Ze bevragen het niet. Ze aanbidden.

En dat zet je aan het denken: misschien deed deze ontmoeting meer met de wijzen dan met de Jozef en Maria.

> *Als je lang genoeg leidt, brengt God je uiteindelijk op een plek waar alles waarvan je dacht het te begrijpen, opnieuw gedefinieerd wordt.*

Want dit is wat wijze mensen doen: ze weten wanneer ze controle moeten loslaten en ontzag de ruimte moeten geven. Deze mannen, gewend om met eer ontvangen te worden, vallen op hun knieën in een stal. Ze sturen geen boodschapper. Ze plannen geen audiëntie. Ze gaan plat op de grond. In het stof.

Dit is wat echte leiders uiteindelijk leren — dat niet alles gestuurd, gevormd of opgelost hoeft te worden. Sommige dingen moeten gezien worden. En sommige momenten moeten je openbreken op een passende manier.

Hun aanbidding was niet efficiënt. Hun timing niet perfect. Hun geschenken niet bepaald praktisch. Maar wat ze boden, was wat de wereld vaak het meest tekortkomt: een nederige, ongekende uiting van eer en ontzag.

Ze probeerden de plek niet op te krikken naar hun status. In plaats daarvan lieten ze de armoede van de plek hun perspectief verheffen.

Dat is het soort leiderschap dat echt dingen verandert.

Want de waarheid is: als je lang genoeg leidt, brengt God je uiteindelijk op een plek waar alles waarvan je dacht het te begrijpen, opnieuw gedefinieerd wordt. Daar waar je rijkdom, wijsheid en strategie je geen inzicht kunnen verschaffen — en al wat je kunt doen is knielen in het mysterie en het heilig noemen.

Dat is geen omweg. Dat is de bestemming.

SCHEPPING: HET LEIDERSCHAP VAN STIL, TROUW GETUIGENIS

Franciscus van Assisi, de Italiaanse patroonheilige van de dieren, was de eerste die ooit een kerststal opzette, in 1223. Vóór deze eerste uitbeelding werd Kerst meestal gevierd door het bijwonen van een Latijnse mis die de meeste aanwezigen niet konden begrijpen. In plaats van de Schrift te begrijpen, beleefden veel mensen hun geloof via kunst, zij het een heel andere soort kunst dan Franciscus in gedachten had.

Wanneer kunst uit de dertiende eeuw de geboorte van Christus weergaf, werd die vaak veel rooskleuriger voorgesteld dan de boerse realiteit die de Bijbel schetst. Franciscus had een missie: het verhaal tot leven brengen via straattheater. Hij zette de scène op in een nabijgelegen grot in Greccio, Italië, waar hij dorpsbewoners rollen gaf om te spelen, zoals Maria, Jozef en herders die echte schapen moesten hoeden. Essentieel in zijn uitbeelding was het gebruik van levende dieren en echt hooi, dat hij leende van zijn goede vriend John Veilita. Hij was ervan overtuigd dat zonder een levende ezel en os het geen echte kerststal zou zijn. Waarom drong hij daarop aan? Jesaja 1:3 (HSV) profeteert: *"Een rund kent zijn bezitter en een ezel de kribbe van zijn eigenaar, maar Israël heeft geen kennis, Mijn volk heeft geen inzicht."*

Na de geboorte van Jezus werd dit vers geïnterpreteerd als verwijzend naar de werkelijke dieren die aanwezig geweest kunnen zijn bij Zijn geboorte. Ze kregen een belangrijke rol in het begrijpen van de geboorte van Jezus als een representatie van een omgekeerde wereld — en dat die tegengesteldheid onze redding is.

De kribbe zelf is niet bijkomstig. Het is eucharistisch. De dieren bieden wat zij hebben — hun ruimte, hun voedsel — en Christus legt Zichzelf neer in de plaats waar zij hun voedsel vinden. Een voorproefje van de dag dat Hij voedsel voor de wereld zou worden.

Later in Jesaja wordt geprofeteerd dat er een dag zal komen dat: *"Een wolf zal bij een lam verblijven, een luipaard bij een geitenbok neerliggen, een kalf, een jonge leeuw en gemest vee zullen bij elkaar zijn, een kleine jongen zal ze drijven"* (Jesaja 11:6, HSV).

Dat kind was gekomen. En vóór hen, liggend in hun voederbak, lag Degene die het herstel van alle dingen zou inluiden — ook van de natuurlijke orde. Voorbij zouden de dagen zijn waarin mensen dieren afslachtten voor voedsel en dieren elkaar doodden om te overleven. Een paradijselijke visie voor de vernieuwing van de aarde was begonnen — een nieuwe wereld die voor hen lag; en die, in veel opzichten, nog steeds voor ons ligt. Zelfs als eenvoudige dieren bezaten zij een bewustzijn over de waarheid van Jezus die mensen niet konden hebben, omdat het voor hen niet 'logisch' was. In plaats van intellectuele of theologische uitspraken, boden zij Jezus alles wat zij hadden, hoe gering ook.

Waar de 'logische' menselijke reactie op de 'koningsbaby' zou kunnen zijn: "Dat is geen Messias!", weten de 'nederige' dieren wie hun ware 'Meester' is, terwijl de rest van ons verblind blijft voor de waarheid van het kerstgebeuren. De dieren waren stille getuigen en boden het weinige dat zij hadden. Ze hoefden niet te spreken. Ze hoefden het niet te begrijpen. Ze maakten gewoon ruimte.

En dat deed de aarde ook.

Jezus werd niet weloverwogen in een stal geboren, maar door ontheemding. Maria en Jozef waren ontworteld door een keizerlijke volkstelling, ver van huis en ver van hulp. Ze waren vreemdelingen in een vreemd land — kwetsbaar, ontheemd en uitgeput. En elke menselijke deur was gesloten.

Maar de aarde sloot de hare niet.

Een oude liturgie beschrijft het zo:
> *"Wat zullen wij U aanbieden, o Christus, die om onzentwil op aarde als mens verschenen zijt? Elk schepsel door U gemaakt biedt U dank. De engelen bieden U een hymne; de hemelen een ster; de wijzen,*

geschenken; de herders, hun verwondering; de aarde, haar grot; de wildernis, de kribbe."[17]
Toen geen mens plaats maakte, deed de aarde dat zelf. Zij bood haar grot als schuilplaats, haar hooi als warmte, haar grond als de wieg van God. Zelfs de hemel deed mee en leidde de wijzen niet met woorden, maar met een ster die helderder straalde dan welke olielamp ook.

De geschapen wereld reageert op Christus' komst met gastvrijheid. Met afstemming. Met aanwezigheid.

Er zit iets diep instructiefs in voor leiders. Niet alle deelname is vocaal. Niet alle leiderschap is zichtbaar op een podium. Soms is het heiligste werk: ruimte maken wanneer niemand anders dat doet.

De logica van de geboorte van Christus is niet die van overheersing of controle, maar van stille samenwerking. De aarde en haar schepselen vervullen hun rol met een bewustzijn dat ouder is dan theologie. Ze proberen niet te imponeren. Ze bedenken geen strategie voor hun bijdrage.

Ze verschijnen gewoon.

En soms is dat de krachtigste vorm van leiderschap die wij kunnen bieden.

JEZUS: GODS ULTIEME OMKERING VAN MACHT EN LEIDERSCHAP

Wat een onzinnig idee.

Een maagdelijke geboorte? Een koningskind? Een vreedzame Messias?

---

[17] Idiomelon voor de Vespers van de Geboorte, Toon 2, in *The Festal Menaion*, vert. Moeder Maria en Aartsimandriet Kallistos Ware (South Canaan, PA: St. Tikhon's Seminary Press, 1990), 257.

De geboorte van Jezus is de geboorte van de grootste paradox die de wereld ooit heeft gekend. God onder ons — maar gehuld in vlees. De hemel op aarde — maar in doeken gewikkeld en stil. Zwak, sterk. Laatste, eerste. Opnieuw geboren. De zachtmoedigen zullen de aarde beërven. Is dit het Goede Nieuws waarop we wachtten? Dit kind? Voor wie? Voor wanneer?

Zijn ouders hadden niet eens de middelen om Hem in een fatsoenlijke ruimte ter wereld te brengen. Hij kwam aan de buitenkant van de rand van de samenleving — niet alleen arm, maar ook verworpen, ongepast, en volledig afhankelijk van de vrijgevigheid van anderen. En dit — dit was hoe God ervoor koos om in het verhaal te stappen?

Geen legers. Geen kroning. Geen machtspositie. Alleen een pasgeboren kind in een geleende stal, omringd door dieren, een tiener en haar verbijsterde verloofde.

En toch is dit, op de één of andere manier, het begin van het Koninkrijk.

Sam Chand heeft gezegd: *"De afstand tussen verwachting en werkelijkheid is teleurstelling."*[18] En ik stel me voor dat de Kerstnacht voor meer dan enkelen teleurstellend was. Niet vanwege de werkelijkheid zelf, maar omdat hun verwachtingen geworteld waren in macht, niet in nederigheid. In zwaardgekletter, niet in overgave.

Ze wilden dat het rijk met veel lawaai werd omvergeworpen. Wat ze kregen, was een kind dat nog niet kon spreken.

---

18 Sam Chand, *Leadership Pain: The Classroom for Growth* (Nashville, TN: Thomas Nelson, 2015).

Maar leiderschap is altijd meer gedefinieerd geweest door wat wij aannemen dat het lijkt te zijn, dan door wat het werkelijk is.

Dus hoe leidt God?

Door los te laten.

Door af te dalen.

Door niet in kracht, maar in afhankelijkheid te verschijnen.

En dat is misschien wel de grootste omkering van allemaal: dat de Redder van de wereld niet kwam om te overheersen, maar om onder ons te zijn. Niet om bevelen te geven, maar om verbinding te maken. Niet om macht te tonen, maar om machteloos te worden.

Geen geld. Geen wapens. Geen grondgebied op Zijn naam.

Alleen een kind en zijn moeder.

En een groep van uiteenlopende getuigen.

Alleen Hij. En Zijn verwondering over alle dingen.

En op de een of andere manier ... was dat genoeg

Hoop kwam daaruit voort, op de meest tegengestelde manier.

ELKE DAG IS KERSTMIS: LEIDINGGEVEN MET RADICALE HOOP IN EEN WERELD DIE OP ZIJN KOP STAAT

"Vandaag baart de Maagd de Oneindige, en de aarde biedt een grot aan de Onaanraakbare."[19]

---

19 Orthodoxe Kerk in Amerika, "Kontakion — Toon 3, 'Nafeest van de Geboorte van onze Heer en Heiland Jezus Christus,'" OCA – Orthodoxe Kerk in Amerika, geraadpleegd op 21 juli 2025.

Het is gemakkelijk om ongevoelig te worden voor het kerstverhaal. Wijzen dit. Kribbe dat. Herders hier. Maagdelijke geboorte daar.

De details vervagen met elk voorbijgaand jaar, verzacht door herhaling en verpakt in commerciële nostalgie. De radicale scherpte van het verhaal — de pure absurditeit ervan — begint voorspelbaar te voelen. En velen van ons, vooral in de bediening, voelen zich opgelucht wanneer het kerstseizoen voorbij is zodat we 'weer aan het werk' kunnen.

Maar wat als dit het werk is?

Wat als de geboorte van Christus niet alleen iets is om te gedenken — maar iets om vanuit te leiden?

Een van de meest voorkomende fouten die we maken is het chronologiseren van de geboorte van Christus — het behandelen alsof het een historische voetnoot is, iets om van een afstand te eren en bewonderen. We herinneren ons wat Hij voor ons gedaan heeft, maar vergeten wat Hij nog steeds door ons heen doet.

De orthodoxe liturgie biedt een ander perspectief. Op 25 december zingen de gelovigen niet: "De Maagd baarde eens de Oneindige..." Ze verkondigen: "Vandaag baart de Maagd de Oneindige." Vandaag.

Niet gisteren.

Niet lang geleden in Bethlehem.

Nu.

De incarnatie was geen eenmalige gebeurtenis. Het is een voortdurende ontregeling — een levende, ademende uitnodiging om deel te nemen aan het Koninkrijk dat doorbreekt, niet alleen wanneer de wereld ondersteboven lijkt te staan, maar ook door ons heen, terwijl wij het helpen omkeren op alle mogelijke manieren.

En hier ligt de uitdaging voor leiders: Wat als elke dag Kerstmis is?

Wat als elke vergaderzaal, elke kansel, elke moeilijke beslissing, elke teleurstellende begroting, elke chaotische stafvergadering — een stal in vermomming is?

Wat als de kribbe nog steeds verschijnt op onhandige, onopvallende plaatsen en ons vraagt of we het zullen zien? Of we zullen knielen? Of we ruimte zullen maken?

Dit is wat de geboorte van Christus ons leert: dat vrede niet komt door prestatie, perfectie of machtsposities. Het komt niet met status of strategie. Het breekt door in nederigheid. In zwakheid. In verwondering.

Het komt tot ongehuwde tieners, arbeiders met dromen, herders in de nachtdienst, rondtrekkende buitenstaanders, staldieren en droge aarde.

En het blijft komen.

Tot leiders zoals wij.

Vandaag.[20]

---

20 Volledig hoofdstuk bewerkt uit Allison van Tilborgh, "De Kribbe als Model: Leidinggeven met Radicale Hoop in een Omgekeerde Wereld," *AVAIL Journal*, nr. 23 (najaar 2025).

HOOFDSTUK 6

Future-Trippen

In het Heden Blijven in een door Angst gevulde Wereld

Door W. Paul Young

Alice en Bob (niet hun echte namen) zijn een van onze jongere bevriende stellen. Ze kennen het grootste deel van onze familie — dat is geen kleinigheid want we hebben zeventien kleinkinderen.

Ik kreeg een telefoontje van Bob: "Paul, wil je alsjeblieft met Alice praten? We zijn een paar dagen geleden bij de dokter geweest en na allerlei testen, om de meest waarschijnlijke oorzaak van haar symptomen vast te stellen, vertelde hij ons dat ze waarschijnlijk één van vier ziekten heeft, elk potentieel terminaal. Ze is in paniek geraakt en ze luistert niet meer naar wat ik zeg. Wil jij haar bellen?"

Ik stemde toe en zodra Bob en ik hadden opgehangen, draaide ik haar mobiele nummer. Ze nam op en we begonnen met over 'koetjes en kalfjes te praten', een beetje bijpraten over onze levens. Het duurde niet lang voordat ze vroeg: "Waarom bel je me midden op de dag, midden in de week?"

"Oh, Alice", verontschuldigde ik me, "het spijt me zo. Daar had ik waarschijnlijk mee moeten beginnen." Ik zweeg even. "Ik bel om je te helpen je begrafenis te plannen."

Even stilte. Toen barstte ze in lachen uit.

"Dus", vroeg ik, "wat voor muziek zou je willen? Speciale liedjes? Zijn er mensen die je absoluut niet uitgenodigd wilt hebben?"

Op dit moment denk je misschien: Wat een wreed mens. Maar ben ik dat?

"Paul, weet je wat ik de afgelopen achtenveertig uur heb gedaan? Ik heb niet geslapen. Ik heb het hele internet afgezocht naar alles wat ik kon vinden over deze vier ziekten en hoe meer informatie ik vond, des te banger ik werd." (Overigens bleek het probleem iets kleins en makkelijk te verhelpen.)

Alice zat vast in wat ik noem 'future-trippen'. Future-trippen is wanneer angst en verbeelding samengaan en het onmiddellijk de dreiging van naderend onheil, duisternis, trauma, tragedie of moeilijkheden voortbrengt. Het kan zo complex zijn als persoonlijk financieel faillissement of zo eenvoudig als een aankomend gesprek. Het kan zo groots zijn als een kernoorlog of zo klein als de zorg over wat anderen zullen denken van het toetje dat ik voor een feest heb gemaakt.

Een paar jaar geleden, tijdens de pandemie, begon ik onderzoek te doen naar informatie over waarom een zwangere vrouw gevaccineerd moest worden. Hoe meer ik las, hoe bezorgder ik werd ('bezorgd' is een aangepaste versie van het woord 'bang'). Eén van onze dochters was zwanger en al snel had ik een indrukwekkende stapel documentatie die mijn conclusie ondersteunde.

Op een bijzonder mooie, zonnige zomerdag waren zij en haar man aan het zwemmen in het zwembad en ik wandelde naar buiten om met hen te praten. En je gelooft het niet! Het gesprek ging al snel over het vitale belang van het vaccin voor een zwangere vrouw.

Het moest wel de Heilige Geest zijn, zei ik tegen mezelf, zonder toe te willen geven dat het eigenlijk mijn eigen manipulatie was.

Ik legde mijn argument uit en mijn dochter luisterde respectvol.

Maar ze trapte niet in de angst die ik verkocht. In plaats daarvan was haar antwoord eerlijk en recht door zee. "Papa, ik heb gewoon niet het gevoel dat dit nu voor mij de juiste keuze is."

Heb ik toen naar haar geluisterd? Totaal niet. Tenslotte ben ik de vader en ben ik slimmer dan zij. Ik werd bezorgder en nog stelliger over waarom ik gelijk had en zij ongelijk. Uiteindelijk, zeer gefrustreerd, wendde ik mij tot onze schoonzoon en zei met nadruk: "Dit is ook jouw baby. Waarom doe jij hier niets aan?"

Ik hoop dat je nu ineenkrimpt. Het werd nog erger. Ik draaide me om naar mijn dochter en zag dat er inmiddels tranen over haar gezicht liepen. En hoe reageerde ik? Ik keerde me om en liep terug naar het huis, mezelf rechtvaardigend. Ik had hun tenminste de waarheid verteld, als zij negeerde wat ik zei, en als zij en de baby zouden sterven, dan zou ik weten dat ik het juiste had gedaan. Ik had de waarheid in liefde gesproken, toch?

Het tegenovergestelde is het geval. Ik rechtvaardigde mijn angsten en probeerde mijn dochter te controleren. Ik vertrouwde de Heilige Geest in haar niet, dus speelde ik zelf voor Heilige Geest. Gelukkig duurde het slechts een half uur voordat ik de zachte en tedere stem van de echte Heilige Geest in de diepere plekken van mijn ziel hoorde: "Paul, Ik hou van je, maar soms kun je zo'n ezel zijn!"

De helderheid van die woorden braken me en ik deed het enige juiste. Ik ging terug naar buiten, knielde aan de rand van het zwembad en vroeg mijn dochter en schoonzoon of zij mij wilden vergeven. Ze schonken mij onmiddellijk hun vergeving en mijn dochter voegde eraan toe: "Papa, ik hoop niet dat je denkt dat wij jou perfect vinden."

Future-trippen. Het creëren van een angst-gedreven verbeelding van een toekomst die niet bestaat, met als gevolg dat ik iedereen en alles probeer te controleren, zodat datgene waar ik bang voor ben, niet gebeurt. Lees die laatste zin nog eens. Zie je het? Future-trippen en controle zijn duivelse tweelingen. Als je een controlefreak bent, garandeer ik je dat je ook een future-tripper bent en dat je leven van boven tot onder doordrenkt is van angst. Verbeelding is niet slecht. Het maakt deel uit van de krachtige grootsheid van mens-zijn en van hoe God van nature is. Wanneer liefde en verbeelding samen dansen, dan rennen we; we hebben creativiteit, verwondering, avontuur, durf, ontdekking, kinderlijke onbevangenheid, en zelfs vreugdevolle plannen.

Maar op dat moment, gedreven door angst, koos ik ervoor te eten van de boom van de kennis van goed en kwaad en probeerde ik onze dochter, van wie ik hou, te overtuigen dat ik gelijk had en zij ongelijk. Het ging niet om relatie en liefde en het ging niet om haar ontwikkeling. Het ging om mij. Ik probeerde mijn leven en dat van haar te controleren. Ik deed dat onder het mom van de waarheid in liefde spreken.

Wat was mijn angst? Ik stelde me voor dat ik een begrafenis bijwoonde waar een grote kist stond met daarin onze prachtige dochter en daarnaast een kleinere kist met het lichaam van ons kostbare kleinkind. Hoe meer ik die verbeelding toeliet, hoe complexer en verstikkender ze werd.

Ik stelde me voor dat ik het huis binnenliep waarin zij niet langer leefde. Ik stelde me voor hoe onze relatie met haar man zou zijn. Ik stelde me de kleinkinderen voor die we nooit zouden hebben. Maar het is krankzinnig. Niets hiervan was waar. Niets hiervan was echt. Het bedenken van iets dat niet bestond, maakte me doodsbang en ik probeerde mijn angst te overwinnen door mijn volwassen dochter en haar man te controleren.

> **De waan van angst moet de werkelijkheid van liefde hebben om te doen alsof zij bestaat.**

In plaats daarvan had ik kunnen eten van de boom van het leven. Hoe? Ik had naar het zwembad kunnen lopen, gaan zitten, hen aankijken, mijn angsten belijden om hen vragen voor mij te bidden. Eten van de boom van het leven zou hebben geleid tot bloei voor ons allemaal. Achteraf gezien keerde ik later terug naar de boom van het leven. Dat was toen ik om hun vergeving vroeg.

Wie zijn de echte vijanden? Laten we duidelijk zijn. De vijand van liefde is angst. De vijand van vertrouwen is controle. Het woord vijand is veel, veel, veel te sterk. We hebben niet te maken met twee bestaande werkelijkheden, alsof twee goden het uitvechten op het slagveld van de kosmos of in het menselijk hart.

Liefde en vertrouwen en op dezelfde manier, goedheid, vriendelijkheid, vreugde en nog veel meer hebben een ontologisch bestaan. Ze bestaan of er nu een geschapen kosmos is of niet, omdat ze geworteld zijn in de God die is. De God die van nature Liefde is. Liefde omvat vertrouwen, vriendelijkheid, goedheid, trouw, relatie en zoveel meer. Daarom bestaat goedheid zonder kwaad, vriendelijkheid zonder gemeenheid, leven zonder dood, vertrouwen zonder controle, liefde zonder angst, gemeenschap zonder alleen-zijn, enzovoort.

Maar de waan van angst moet de werkelijkheid van liefde hebben om te doen alsof zij bestaat. Angst beschrijft wat er gebeurt wanneer iemand zich van liefde afkeert. Controle is de illusie die ontstaat wanneer iemand zich van vertrouwen afkeert. Beide zijn een afwezigheid, een kloof van leegheid, het mysterie van ongerechtigheid en vervreemding die wij mensen vervolgens benoemen en macht geven alsof het echt is. Het resultaat is en blijft catastrofaal.

Ben je ooit, in je verbeelding, bij je eigen begrafenis geweest? Ik wel. Meer dan eens. En het maakte me echt boos dat niemand anders kwam. Heb je je ooit voorgesteld dat je zo blut zou raken dat je uiteindelijk alleen, in een kartonnen doos onder de plaatselijke brug zou wonen? Heb je je voorgesteld hoe het zal zijn wanneer je.... (die persoon) ziet en wat je gaat zeggen en hoe het verschrikkelijk zal eindigen, of misschien zelfs goed? (Future-trippen kan ook positief zijn, maar nog steeds volledig onecht.)

Hier zijn een paar verleidelijke aanleiding tot future-trippen: een loterijticket kopen, horen dat je baas met je wil praten, het nieuws kijken, te horen krijgen dat je iets groots voor God zult doen, of dat er iets op de scan te zien is, of een volwassen kind dat zegt dat het nooit meer met je wil spreken, enzovoort, enzovoort.

Eeuwig leven staat niet op een tijdlijn. Het is het altijd aanwezige *nu*. Denk er eens over na. Waar en wanneer leeft God in en met jou? In een ingebeelde toekomst? Nee! Jouw deelhebben aan het eeuwige leven, het leven van God, is alleen nu. Je ervaart vreugde alleen in de tegenwoordige tijd. Op mijn vijftigste begreep ik eindelijk dat vreugde altijd mijn constante metgezel was geweest, en dat ík degene was die steeds wegliep — wegrennend naar een angst-gedreven, irreële toekomst.

We krijgen geen genade voor dingen die niet bestaan.

Als volgelingen van de Bergrede-Jezus moeten we stoppen met het opdelen van ons leven in heilige en seculiere compartimenten. Zo'n onderscheid bestaat niet. In onze dagelijkse ontmoeting met de inwonende God kiezen we ervoor om gewoon de volgende juiste keuze te maken en het goede te doen, met al onze kracht, vertrouwend op een wijsheid die groter is dan ons begrip en laten we de uitkomst los.

Het is onbehaaglijk om te beseffen dat God om het eeuwige geeft en niet om het tijdelijke. Bedrijven bijvoorbeeld zijn tijdelijk. Maar God geeft oneindig veel meer om de eeuwige persoon die voor je staat, om jou en

al de mensen die door jouw bedrijf beïnvloed worden, dan om het succes of falen ervan.
Om te leven moeten we rusten in de genade van vandaag. De genade van de dag is eenvoudig. Jezus en ik reageren op datgene waar we nu mee te maken hebben. Ik ga me niet verliezen in verbeeldingen over morgen en hoe de dingen zullen uitpakken—of niet. Het is een fundamentele keuze om te vertrouwen. Wat dit ingewikkeld maakt, is mijn behoefte aan controle. We krijgen vandaag geen genade voor dingen die niet bestaan. In dit huidige moment bevindt zich alles wat echt en waar is. Jij, God, liefde, vreugde, vrede, hoop, vriendelijkheid, enzovoort.
Maar hoe zit het met plannen?
Jakobus 4:13-15 (HSV) zegt:

> *En nu dan u die zegt: Wij zullen vandaag of morgen naar die en die stad reizen, en daar een jaar doorbrengen en handeldrijven en winst maken, u, die niet weet wat er morgen gebeuren zal, want hoe is uw leven? Het is immers een damp, die voor een korte tijd verschijnt en daarna verdwijnt. In plaats daarvan zou u moeten zeggen: Als de Heere wil en wij leven, dan zullen wij dit of dat doen. Nu dan, u die zegt: "Vandaag of morgen gaan wij naar die en die stad, brengen daar een jaar door, drijven er handel en maken winst." U weet niet eens wat morgen gebeuren zal. Wat is uw leven? U bent een damp die heel even verschijnt en dan weer verdwijnt. U zou*

moeten zeggen: "Als de Heer het wil, zullen we leven en dit of dat doen."

Zoals je weet kan plannen creatief en krachtig zijn, een uitdrukking van je liefde en eenheid met God, of beangstigend en verzwakkend, grotendeels vanwege je gehechtheid aan de uitkomst. Jakobus zegt eigenlijk: "Maak je plannen losjes." Niets verstoort een plan of agenda meer dan sterven. De wil van God is geen blauwdruk die ergens in een kluis verborgen ligt. Het is eerder de moment-tot-moment relationele liefde die groeit binnen jouw eenheid met de inwonende God die van je houdt en je menselijkheid respecteert, inclusief alles wat je meebrengt in het avontuur.

De wereld wordt gedreven door angst en haar reactie is controle.

Angst zorgt ervoor dat je niet in het heden blijft. Het duwt je weg uit alles wat is, naar een plek die niet bestaat, waar je alleen bent (een leugen) en waarin je enige bronnen die van jezelf zijn (nog een leugen).

Future-trippen is een dief die de energie, middelen en relaties van vandaag wegneemt — alles wat je in staat stelt om te reageren op de echte mensen en omstandigheden van vandaag — en het verspilt aan dingen die niet bestaan. Dit is uitputtend, het is geen leven!

In het heden blijven is vertrouwen. In het heden blijven is leven. In het heden blijven is liefhebben!

De wereld wordt gedreven door angst en haar reactie is controle. Liefde en vertrouwen worden gezien als zwak en ineffectief, terwijl zij juist de enige manier van leven zijn die werkelijk iets verandert. Angst voegt enkel ellende toe. Liefde bewerkt transformatie.

Hoe leven we ín deze wereld maar zijn we niet ván de wereld? Door te stoppen met future-trippen! Stop ermee!

Dat is makkelijker gezegd dan gedaan, geloof me. Het heeft me jaren gekost om controle los te kunnen laten en te rusten in vertrouwen. Vaak is de 'god' waarin we geloofd hebben het niet waard om op te vertrouwen en dus moeten we door een herstart, een detox, misschien zelfs door een beetje atheïsme heen, zodat de god die we omarmd hebben omgewisseld kan worden voor de God die geopenbaard is in Jezus.

De toekomst is alleen en volledig bekend in en door het wezen van God, eeuwige Liefde. Mensen zijn ongelooflijk creatieve wezens. Als je zegt dat je niet creatief bent, vraag ik je simpelweg: heb je je ooit ergens zorgen over gemaakt? Als dat zo is ben je een creatieveling. Door je zorgen te maken word je scenarioschrijver, producent en regisseur. Je kiest de acteurs en bepaalt hun keuzes. En natuurlijk ben jij de ster in een tragedie over iets dat niet bestaat.

"De meer christelijke houding die op elke leeftijd kan worden bereikt, is om de toekomst in Gods handen te laten," schrijft C.S. Lewis in *The Weight of Glory and Other Addresses*. Hij vervolgt:
"*We kunnen dat evengoed doen, want God zal het zeker vasthouden, of wij het nu aan Hem overlaten of niet. Vertrouw nooit, in vrede of in oorlog, je deugd of je geluk toe aan de toekomst. Werken met blijdschap wordt het best gedaan door de persoon die zijn lange termijnplannen enigszins licht opneemt en van moment tot moment werkt, als voor de Heer. Het is alleen ons dagelijks brood dat we gevraagd worden om te ontvangen. Het heden is de enige tijd waarin iets gedaan kan worden, of genade ontvangen.*"[21]

Evenzo schrijft Blaise Pascal in zijn *Pensées*:
"*Laat ieder van ons zijn gedachten onderzoeken; hij zal merken dat ze volledig gericht zijn op het verleden of de toekomst. We denken bijna nooit aan het heden en als we dat wel doen, is het alleen om te zien welk licht het werpt op onze plannen voor de toekomst. Het heden is nooit ons doel. Het verleden en het heden zijn onze middelen, de toekomst is ons doel. Als gevolg daarvan leven we niet, maar hopen we te leven en omdat we altijd plannen maken*

---
21 C. S. Lewis, *Het gewicht van glorie en andere toespraken* (New York: HarperOne, 2001).

*om gelukkig te zijn, is het onvermijdelijk dat we dat nooit zijn."*²²

Op dezelfde manier staan de Schriften vol met herinneringen dat God mét ons is in het heden en ons aanmoedigt daar bij Hem te zijn en de neiging te weerstaan om ons zorgen te maken over een morgen die nog niet bestaat. *"Wie toch van u kan met bezorgd te zijn één el aan zijn lengte toevoegen?"* vraagt Jezus (Mattheüs 6:27, HSV). *"Maak je geen zorgen over morgen. Morgen zorgt wel voor zichzelf"*, zegt Hij (Mattheüs 6:34, vrij vertaald).

Eens had ik een lunchafspraak met iemand die me haar vele levensproblemen, angsten en lasten vertelde. Toen ze klaar was, vroeg ik: "Is er iets wat je hier en nu kunt doen of waar je nu om gevraagd wordt?"

Ze dacht even na en zei: "Nee".

Ik zweeg even en zei toen: "Geef me dan alsjeblieft het zout even door."

Op dat moment was zout reëler dan al haar ingebeelde toekomstige rampspoed.

Onlangs stuurde ze me een e-mail waarin ze schreef: "Telkens wanneer ik begin te future-trippen, zeg ik tegen mezelf: 'Geef het zout door'."

Leef in het leven. Wandel in het licht. Blijf aanwezig in de liefde. Geef het zout door.²³

---
22 Blaise Pascal, *Pensées*, vert. W. F. Trotter, fragment 172 (of fragment 78 in sommige nummeringen), in *The Thoughts of Blaise Pascal* (Londen: Dent, 1931), p. 50.
23 Volledig hoofdstuk bewerkt uit Paul Young, "Future Tripping: Staying Present in a Fear-Filled World," *AVAIL Journal*, nr. 21 (lente 2025).

HOOFDSTUK 7

De Kerk herontdekken

De Bogen Afbreken

Door Channock Banet

Wat als ik je zou vertellen dat kerk er niet uit hoeft te zien zoals ze altijd heeft gedaan? Misschien zijn we zo gefocust geweest op wat er binnen onze gebouwen gebeurt dat we de kern van de zaak niet meer zien. Wat als God ons roept om naar buiten te stappen, niet alleen fysiek, maar ook mentaal en geestelijk, om de wereld en Zijn Koninkrijk op een volledig nieuwe manier te zien?

Dit is niet zomaar een verhaal over mij of over de kerk die ik leid. Het gaat over wat er gebeurt wanneer we eerlijk worstelen met de vraag: "Wat nu? Hoe nu verder?" Het evangelie van genade gaat over weten wie God is en begrijpen wie wij zijn in Hem. Het evangelie van het

Koninkrijk gaat verder. Het roept ons op verantwoordelijkheid te nemen. Het beantwoordt de vraag wat we verondersteld worden te doen met wat we nu weten over God en onszelf.

Het Koninkrijk van God bestaat niet uit dienaren. Het bestaat uit zonen en dochters die ervoor kiezen te dienen. Bediening is geen positie of titel. Het is eenvoudigweg dienen. Efeziërs 4 zegt dat de vijfvoudige bediening bestaat om de heiligen toe te rusten voor het werk van de bediening. Bediening gaat niet over wat er op een podium gebeurt. Het gaat over aanwezig zijn voor de mensen in onze buurten en gemeenschappen. Het betekent de noden zien die recht voor ons liggen en erop reageren.

Jezus is niet de Redder van de wereld om ons eruit te halen. Hij is de Redder van de wereld om haar te herstellen. Het Koninkrijk van God is als zuurdesem. Het is bedoeld om alles te doordringen. Wij zijn dat zuurdesem. Wij zijn degenen die wakker zijn geworden voor onze ware identiteit in Christus.

MENSEN, GEEN PROJECTEN

Deze verschuiving in denkwijze begint met hoe we mensen zien. Zien we hen als zonen en dochters van God, of als projecten om te repareren of problemen om op te lossen? Zo lang heb ik geleerd dat we pas kinderen van God worden nadat we tot geloof komen. Maar is dat wel echt waar? Als Paulus op de Areopagus in Handelingen 17 tegen heidenen kon zeggen: "Wij zijn allemaal Gods nakomelingen", dan moeten wij misschien heroverwegen hoe we de mensen om ons heen zien.

Toen Petrus zijn visioen kreeg in Handelingen 10 van de onreine dieren en God hoorde zeggen: "Noem niets onrein dat God rein heeft gemaakt", begreep hij dat eerst niet. Later, toen hij het huis van Cornelius binnenging, werd de betekenis duidelijk. Petrus zei: "God heeft mij laten zien dat ik niemand onrein of onheilig mag noemen." Dat woord "niemand" was een openbaring voor Petrus en dat zou het ook voor ons moeten zijn.

Dus hoe zien wij mensen? Wat doen we met degenen die er niet uitzien zoals jij, niet geloven zoals jij, of zich niet gedragen zoals jij? Als we geloven dat elke persoon een kind van God is, dan is onze missie niet om ons van hen af te scheiden. Het is om hen lief te hebben, hen te dienen en hen te wijzen op de waarheid van wie ze al zijn: een geliefde zoon of dochter van de Koning.

DE BOOG DIE MIJN GELOOFSSYSTEEM SCHUDDE

Een van de grootste openbaringen die mijn wereldbeeld veranderde, kwam tijdens een reis naar Guatemala in de zomer van 2018. We ondersteunen een weeshuis en hielpen bij het voorzien in de basisbehoeften van kinderen die daar waren achtergelaten. Op een middag, terwijl we in Antigua verbleven, maakten we een stadstour. Het is een prachtige plek vol geschiedenis. Eén van de beroemdste monumenten is een gele boog in het hart van de stad.

Welke barrières houden ons weg van de mensen die God op ons pad heeft geplaatst?

Onze gids vertelde ons het verhaal achter de boog en het schokte me toen ik ernaar luisterde. Ze was eeuwen geleden gebouwd, niet als decoratie of architectuur, maar als een manier voor nonnen om de straat over te steken zonder in contact te komen met de mensen om hen heen. Ze leefden in afzondering, gescheiden van de gemeenschap. De boog stelde hen in staat elk contact met mensen buiten hun muren te vermijden.

Ik herinner me dat ik daar stond, naar die boog kijkend en dacht: "Hoeveel bogen hebben wij in ons eigen leven gebouwd? Hoe vaak scheiden we onszelf af van de mensen terwijl we juist geroepen zijn om ze lief te hebben en te dienen?" De nonnen dachten dat ze hun heiligheid beschermden. Maar in werkelijkheid misten ze de heiligheid van verbinding. Ze misten het om bij mensen te zijn, het leven te delen en het beeld van God in anderen te herkennen.

Dat verhaal schudde me wakker. Het dwong me te heroverwegen hoe ik naar bediening keek, naar kerk en zelfs naar mijn eigen leven.

Welke bogen hebben wij gebouwd?

Welke barrières houden ons weg van de mensen die God op ons pad heeft geplaatst?

VAN STOELEN VULLEN NAAR NODEN VERVULLEN

Jarenlang worstelde ik met wat het betekende om een kerk te leiden die het Koninkrijk werkelijk uitleefde. Alles draaide om de zondag. Al onze tijd, ons budget en onze energie gingen naar de zondagochtenddienst. Maar diep vanbinnen wist ik dat er meer moest zijn.

In 2018 lanceerden we een tweede kerklocatie in de veronderstelling dat dit een grotere impact zou maken in onze stad. Dat deed het niet.

Tegen 2019 waren we opgebrand. We deden alle 'juiste' dingen, maar zagen niet de transformatie waar we naar verlangden.

Toen COVID in 2020 toesloeg, stopte alles. Eerlijk gezegd verwelkomde ik de pauze. Ik had het nodig. Maar toen we langzaam terugkeerden naar fysieke samenkomsten, voelde er iets niet goed. Het was niet alleen dat dingen veranderd waren. Het was juist dat ze dat níet waren. Onze eerste prekenserie terug heette 'Een Nieuw Normaal'. Het duurde ongeveer zes weken voordat alles teruggleed in het oude normaal. Ik was er moe van. Ik was het zat om alles te geven aan iets dat gebroken aanvoelde. Ik wilde Jezus niet verlaten, maar ik overwoog wel om de georganiseerde kerk achter me te laten.

In 2021, tijdens mijn sabbatical, had ik eindelijk de ruimte om alles te evalueren. Ik moest herontdekken wat kerk verondersteld was te zijn. Niet alleen voor Hill City, maar ook voor mijzelf. Dat leidde tot een jaar van ontdekking.

Het jaar 2022 was geen seizoen van grote stappen of belangrijke beslissingen. Het was een tijd van luisteren, reflecteren en openstaan voor wat God mij wilde laten zien. Dus wachtte ik, ook al was ik daar niet goed in.

EEN NIEUWE DEFINITIE VAN KERK ZIJN: RELIFE

In 2023 begon alles samen te komen. Al die jaren van dezelfde vragen stellen, begonnen te leiden tot iets tastbaars.

We hadden steeds weer gevraagd:
» Hoe leven we het evangelie uit op een manier die verder reikt dan de zondagochtend?
» Hoe bereiken we mensen die misschien nooit door onze deuren zullen lopen?
» Hoe ziet echte impact in de gemeenschap eruit?

We wilden het soort kerk zijn waarvan de stad daadwerkelijk zou merken als we morgen onze deuren zouden sluiten. We hadden geen extra diensten nodig. We hadden een nieuw model nodig.

Toen viel het kwartje.

In februari van dat jaar belde ik om een bod uit te brengen op een pand voor mijn persoonlijke vastgoedportefeuille. De makelaar zei: "We accepteren alleen biedingen van overheidsinstanties of non-profits."

En toen drong het tot me door.

Wij zijn een non-profit.
Dat was het begin van wat ReLife zou worden. ReLife is een op de gemeenschap gericht initiatief dat is voortgekomen uit Hill City Church. Het begon met één simpele verschuiving: kerk heroverwegen door te denken door de bril van praktische impact. We hoefden het wiel niet opnieuw uit te vinden. Onze stad had al geweldige bedieningen. Onze rol was om in noden te voorzien die nog over het hoofd gezien werden.

Eén van onze partnerorganisaties draaide een achttien maanden durend programma voor alleenstaande moeders die hun leven opnieuw probeerden op te bouwen. Maar toen het programma eindigde, hadden deze vrouwen nergens om heen te gaan. Er waren geen betaalbare huisvestingsopties. Er was geen volgende stap. Geen ondersteunend systeem.

Daar kwam ReLife om de hoek kijken. Onze missie werd duidelijk. We zouden gezinsstabiliteit creëren door betaalbare huisvesting te bieden aan alleenstaande moeders. Niet alleen een dak, maar een fundament. We begonnen huizen te renoveren en ze tegen toegankelijke huren aan te bieden via doordachte investeringen en samenwerkingen. Elk huis werd meer dan een gebouw. Het werd een toevluchtsoord. Een plek om op adem te komen, opnieuw te beginnen.

Maar ReLife gaat niet alleen over huisvesting. Het is een cultuur. Het is een toewijding om met deze vrouwen mee te wandelen via mentorschap, gemeenschap en ondersteuning. Het biedt waardigheid in plaats van liefdadigheid. Bekrachtiging in plaats van afhankelijkheid.

Het meest verrassende is wie er op komen dagen om te helpen. Mensen die nog nooit onze kerk hebben bezocht. Mensen van andere kerken. Mensen uit andere staten. Mensen zonder enige geloofsconnectie. Aannemers, donoren, vrijwilligers en stadsbestuurders slaan de handen ineen omdat ze geloven in wat er gebeurt.

En wat er gebeurt is eenvoudig. 'Kerk zijn' wordt opnieuw gedefinieerd.

> *Dit is hoe het eruitziet om te verschuiven van stoelen vullen naar noden vervullen.*

We hebben nu een volledig ReLife-comité dat toezicht houdt op projecten en de logistiek. We hebben een vastgoedbeheerder, een projectmanager en een overheidscontactpersoon die partnerschappen met andere lokale organisaties onderhoudt. Elke vrouw wordt gekoppeld aan een mentor die met haar meeloopt op de reis. En dat is nog maar het begin.

Eén van de panden die we verwierven, bevatte een oud kerkgebouw. We maakten er geen nieuwe eredienstlocatie van. In plaats daarvan wordt het een gemeenschapscentrum. Het zal cursussen faciliteren voor

cv-schrijven, workshops voor ondernemerschap, therapiegroepen en bijeenkomsten voor traumaverwerking. Het zal ook dienen als ons ReLife-hoofdkwartier. Het ziet er misschien niet uit als een kerk, maar het is de plek waar de Kerk tot leven komt.
De meest onverwachte transformatie heeft plaatsgevonden in de wijken zelf. We dachten dat we huizen aan het renoveren waren. In plaats daarvan helpen we vertrouwen te herstellen in hele straten.
Dit is wat er gebeurt wanneer we stoppen met de vraag: "Hoe laten we de kerk groeien?" en beginnen met: "Hoe kunnen we onze stad liefhebben?" Dit is hoe het eruitziet om te bewegen van stoelen vullen naar noden vervullen.
En misschien is dit hoe de toekomst eruitziet.

HET FORNUIS: EEN KONINKRIJKSMOMENT

Tijdens de renovatie van ons tweede ReLife-huis ontmoette ik Teresa, de buurvrouw waarvoor iedereen mij had gewaarschuwd. Ze zeiden dat ik uit haar buurt moest blijven. Ze verdachten haar van drugsverkoop. Op een dag begon ik toch een gesprek met haar. Ze nodigde me binnen en begon te vertellen over haar familie en haar situatie. Ik ontdekte dat haar fornuis al maanden kapot was. Ze had moeite om maaltijden te koken.

Zonder na te denken zei ik tegen haar: "God houdt van je en Hij gaat je een fornuis geven." Ik wist niet hoe dat zou gebeuren maar ik geloofde het. Een paar weken later liep ik door de Home Depot. Ik dacht: ik koop er gewoon één voor haar. Toen liep ik een man tegen het lijf die onlangs onze kerk had bezocht.

We raakten in gesprek, en hij vroeg wat ik aan het doen was. Ik vertelde hem over Teresa. Hij glimlachte en zei: "Je gaat dit niet geloven. Ik heb nu een fornuis achter in mijn auto staan. Ik was bezig een huis leeg te maken en wist niet aan wie ik het moest geven."

> *Wanneer we mensen liefhebben zonder bijbedoelingen, komt de hemel hier op aarde tevoorschijn.*

Ik kon het niet geloven. Gods voorziening stond al buiten geparkeerd.

Toen we dat fornuis bezorgden was het meer dan zomaar een apparaat. Het was een statement. Het was een herinnering dat God haar ziet. Dat ze ertoe doet. Dat ze niet vergeten is. Dat ze geliefd is.

Dergelijke momenten blijven gebeuren. Ze herinneren me eraan dat wanneer we mensen liefhebben zonder bijbedoelingen, de hemel hier op aarde verschijnt.

KOM NAAR BUITEN EN ZIE DE STERREN

Er is een verhaal in Genesis 15 waar God tot Abram spreekt. Abram had een belofte gekregen maar die was nog niet vervuld. Hij begon te twijfelen. Toen deed God iets onverwachts.

De Schrift zegt: *"Toen leidde Hij hem naar buiten en zei: Kijk toch naar de hemel en tel de sterren, als u ze kunt tellen. En Hij zei tegen hem: Zo talrijk zal uw nageslacht zijn"* (vers 5, HSV).

Waarom nam God Abram mee naar buiten? Omdat hij in zijn tent zat. Hij staarde naar het plafond. Zijn blik was beperkt. God wilde dat hij meer zou zien.

Buiten de tent waren de sterren zichtbaar. Ontelbaar. Onbegrensd. En op dat moment geloofde Abram.

Ik geloof dat God dat vandaag nog steeds doet. Hij roept ons naar buiten uit onze tenten. Hij roept ons om weg te stappen van beperkt denken, van veilige structuren en van routines die geen geloof meer vragen.

De tent staat voor angst, controle en comfort, maar de hemel staat voor belofte. De sterren herinneren ons eraan hoe groot God is en hoe veel Hij om ons geeft.

Naar buiten stappen is niet alleen een fysieke daad. Het is een verandering van denken. Het is de bereidheid los te laten hoe dingen altijd zijn geweest en ons open te stellen voor wat God als volgende zou kunnen doen.

We vinden Zijn Koninkrijk op die gewone, vaak rommelige plekken. In het fornuis dat aan een buurvrouw wordt gegeven. In het huis dat wordt hersteld voor een alleenstaande moeder. In een gesprek op een veranda. In de open hemel.

De beloning ligt niet in het blijven op je veilige plek. Het ligt in de reis. Het ligt in ja zeggen. Het ligt in omhoogkijken.

De sterren wachten.

HOOFDSTUK 8

Bloedvergieten en Genade

Alles Verliezen Om te Vinden Wat er Écht Toe Doet

Door Tullian Tchividjian

"Hoe ouder ik word, des te meer ik besef dat mijn leven één lang getuigenis is van deze tijdloze waarheid. Ik overdrijf niet wanneer ik zeg dat het ontdekken van de boodschap van Gods eenzijdige liefde, in al haar radicaliteit, mijn huwelijk, mijn relatie met mijn kinderen en mijn bediening heeft gered. Dit is dus geen abstract onderwerp voor mij. Eenzijdige liefde is mijn levensader."

Die woorden werden gepubliceerd in één van mijn bestverkochte boeken, *One Way Love*,[24] in 2012. Mijn hemel, dat voelt inmiddels als een eeuwigheid geleden. Ik sta nog steeds achter die woorden. Maar zeggen dat de dingen daarna ingewikkeld werden is een enorm understatement. Ik had werkelijk geen idee. Nee, Gods genade was niet abstract voor mij, maar op één of andere diepgewortelde manier was ze dat wel. Weet je, genade overwint pas echt wanneer wij zonder kracht komen te zitten. En ik was nog niet op dat punt aangekomen. Ik had nog niet echt naar genade gesnakt zoals dat hert uit de Psalmen dat hijgend naar water verlangt. Ik was nog niet aan het einde van mijzelf gekomen, met niets meer om me aan vast te houden, niemand en nergens meer om naartoe te keren.

Ik had werkelijk geen idee.

VROEGER...

Er zit een bepaalde weemoed in dat woord, nietwaar? Het wordt bijna altijd met een zucht gezegd. Het plaatst je onmiddellijk in een verleden-tijd-denken — sommige dingen waren een tijd lang op een bepaalde manier, maar dat is niet meer zo. De dingen veranderden.

Ik ken die uitdrukking maar al te goed.

Ik was een invloedrijk christelijk leider, in de voetsporen van mijn beroemde grootvader, Billy Graham. Ik was voorganger van een grote, bekende kerk in mijn

---

24 Tullian Tchividjian, *One Way Love: Inexhaustible Grace for an Exhausted World* (Colorado Springs, CO: David C. Cook, 2012).

geboorteplaats Fort Lauderdale —Coral Ridge Presbyterian Church. Ik schreef elk jaar een boek en ze waren prijswinnende bestsellers. Ik reisde door het hele land — op boekentournees, sprekend voor conferenties, kerken, universiteiten en allerlei evenementen. Ik was elke week wereldwijd op tv en elke dag op de radio. Ik was een populaire man, een veelgevraagd man, een 'succesvolle' man. Ik had, zoals men dat zegt, de wereld aan mijn voeten liggen. Ik had alles — en nog veel meer. Kortom, ik was een winnaar. En man, dat voelde goed.

Maar toen veranderden de dingen. *Vroeger*... implodeerde. Viel uiteen. Het leven zoals ik het kende stortte in. Mijn zonden haalden me in — dat doen ze altijd. Dat was het begin van de leerjaren — minuten, uren, dagen, weken en maanden van leren wat het betekent om te verliezen.

Vroeger beschouwde ik twee dingen als voor altijd en eeuwig veilig, amen: mijn eenentwintigjarige huwelijk en mijn rol als voorganger. In 2015 verloor ik beide. Ik bedroog mijn eerste vrouw en werd betrapt. En omdat ik een publiek persoon was verloor ik zowel mijn huwelijk als mijn bediening (en alles eromheen) op een zeer publiekelijk zichtbare manier. Als je me zou dwingen een reden aan te wijzen, zou ik moeten verwijzen naar die huiveringwekkende regel in Jimmy Buffett's *Margaritaville*[25]— "my own damn fault" (mijn eigen verdomde schuld).

---

25 Jimmy Buffett, zanger, "Margaritaville" van Jimmy Buffett, 1997, track 6 op *Changes in Latitudes, Changes in Attitudes*, ABC.

Maar verlies gebeurt nooit in een vacuüm. Die twee monumentale verliezen waren de dominostenen die duizend andere omver duwden:

Het verlies van vrede en geborgenheid op de gezichten van mijn kinderen.

Het verlies van hechte vriendschappen.

Het verlies van bestemming.

Het verlies van publieke (en persoonlijke) geloofwaardigheid.

Het verlies van invloed.

Het verlies van vertrouwen in Gods vriendschap.

Het verlies van financiële stabiliteit, van hoop, van vreugde.

Het verlies van kansen.

Het verlies van het leven zoals ik het kende.

Het verlies van het leven waar ik van hield.

En naast dat ik de oorzaak was van mijn eigen verlies, veroorzaakte ik ook verlies in de levens van vele anderen. Allereerst bracht ik verlies teweeg in de levens van degenen die van mij afhankelijk waren als echtgenoot, vader en geestelijk leider — zij die mij vertrouwden om hen lief te hebben en te beschermen. Ik schond dat vertrouwen. Ik verraadde ze en verwondde hun hart. Ik verwoestte hen.

En ook al gebeurde dat meer dan tien jaar geleden, de gevolgen zijn blijvend. Er gaat geen dag voorbij dat ik er niet op de een of andere manier aan herinnerd word wat ik heb gedaan.

Ter zijde geschoven en verpletterd, van de ene dag op de andere. Je kunt over de val lezen in de krantenkoppen. Het stond overal. Maar wat je in die artikelen niet zult lezen, is de innerlijke verwoesting.

Wat ik destijds niet doorhad, was dat er al jaren een subtiele verschuiving gaande was — een verschuiving die kwam als het trage kruipen van het tij, niet als een plotselinge vloedgolf. Het was een verschuiving in identiteit — van mijn identiteit vinden in Gods liefde voor mij naar mijn identiteit vinden in wat ik van mijzelf maakte: mijn prestaties, mijn lofbetuigingen, mijn succes, mijn netwerk.

Met andere woorden: mijn waarde, mijn betekenis, mijn diepste besef van wie ik was en wat mij ertoe deed — mijn identiteit — was verankerd in mijn status, mijn reputatie, mijn positie, wie mijn vrienden waren, mijn communicatievaardigheden, mijn vermogen om te leiden, de lof die ik ontving, de kansen die ik had, financiële zekerheid, enzovoort. Kortom, de manier waarop de wereld waarde meet en altijd zal meten. En daardoor brachten mijn verliezen niet alleen verdriet, pijn, schaamte en spijt met zich mee.

Ze brachten een verlammende identiteitscrisis teweeg.

Meestal weten we pas waar we op vertrouwen en wat het leven de moeite waard te maakt, wanneer we het verliezen. Dus, zonder de dingen waarop ik vertrouwd had om me waardevol en belangrijk te voelen, wist ik niet meer wie ik was. Het was niet alleen dat ik alles had verloren — ik had mezelf verloren. Ik was niet alleen dingen kwijtgeraakt. Ik was mezelf kwijt.

Wil je weten hoe de hel voelt? Het voelt als verbannen worden uit je eigen zelf.

Toen ik me het meest verloren en hopeloos voelde — op mijn absoluut slechtste en meest wanhopige moment — zei mijn vriend Paul Zahl iets tegen me dat ik nooit zal vergeten: "Tullian, het doel achter het lijden dat je nu doormaakt, is om je in een nieuwe vrijheid te duwen — vrijheid van leugenachtige definities van wie je bent."

Ik begreep de diepte van Pauls uitspraak toen niet. Dat kon ik toen ook helemaal niet. Maar ik heb geleerd. En ik ben nog steeds aan het leren.

Ik ben gaan inzien dat falen, ondanks al zijn wreedheid, op een vreemde manier bevrijdend kan zijn. Het stript ons van illusies. Het brandt de steigers weg. Het ontmaskert de valse goden waarvoor we altaren hebben gebouwd — zoals reputatie, podia, invloed, nut hebben. Het herinnert ons eraan dat we niet de optelsom zijn van onze prestaties en de complimenten die we krijgen. Het herinnert ons eraan dat we uiteindelijk niet gedefinieerd worden door wat we hebben gedaan of nagelaten, onze worstelingen of onze successen, onze krachten of onze zwakheden.

Wie we werkelijk zijn, in onze kern, met andere woorden, heeft niets met onszelf te maken.

God houdt alleen van mislukkelingen, want dat is het enige waar Hij mee kan werken.

Jij wordt gedefinieerd door Gods onvoorwaardelijke liefde en acceptatie van jou. Wat jij met je leven doet, definieert jou niet. Wat Jezus met Zijn leven voor jou deed — dat definieert jou. Jij bent geliefd. Jij bent vergeven. Jij wordt vastgehouden. Zelfs wanneer jij niet kunt vasthouden, houdt Hij jou vast.

Dat is het christelijke evangelie. En dat is vrijheid.

Dus, als je dit leest en je voelt je een geestelijke mislukkeling, houd moed. God houdt alleen van en gebruikt alleen zwakke mensen die falen — want er zijn geen andere soorten mensen. Laat me dat nog eens zeggen: God houdt alleen van mislukkelingen, want dat is het enige waar Hij mee kan werken.

Jouw falen diskwalificeert je niet — het is je aanbeveling. De enigen die in aanmerking komen voor genade zijn degenen die toegeven dat ze niet in aanmerking komen.

Ik ben nu diep ingebed in een herstel-support-groep. Niet omdat ik een verslaving had in de traditionele zin maar zodat je, wanneer je hard valt, in een omgeving bent vol wanhopige mensen die weten hoe het is om volledig aan het einde van jezelf te zijn.

En ik heb ontdekt dat die mensen waarheid en genade vaak beter begrijpen dan de religieuze mensen. Er is minder schijn. Meer eerlijkheid. Minder opgeblazenheid. Meer kwetsbaarheid. Minder schuld afschuiven. Meer verantwoordelijkheid nemen.

Ik heb in kringen gezeten met gebroken mannen en vrouwen die de waarheid over hun leven vertelden — verschrikkelijke waarheden, hartverscheurende waarheden — en toch iets heiligs ervaren in het delen. Ik heb Jezus vaker gevonden op die rauwe momenten dan in welke kerkdienst dan ook waar ik ooit deel van uitmaakte.

Ik heb met briljante geesten gezeten — doctorandus in theologie, kerkgeschiedenis, Nieuwe Testament, Oude Testament. En ik ben dankbaar. Ik heb veel geleerd van deze hoogopgeleide mensen. Maar ik heb meer geleerd over zonde, genade en vergeving van de mensen die in een herstelproces zaten dan in welk klaslokaal dan ook. Ik heb meer waarheid gehoord in de bevende stem van een verslaafde die zijn machteloosheid toegaf dan in duizend gepolijste preken. Meer zelfbewustzijn in een afkickkliniek dan in de meeste kerken. Meer eerlijkheid in rauwe biechten dan in keurig verpakte getuigenissen. Verlossing heeft een gezicht — en het lijkt veel op dat van een misdadiger, een overspelige, een gescheiden vrouw, een dronkaard die eindelijk eerlijk wordt.

God is niet beperkt tot religieuze ruimtes of heilige woorden. Hij spreekt door de gebrokenen en vermoeiden, de verwarden en Hij is bij mensen die niet begrepen worden. Hij predikt door mensen die niet eens weten dat ze prediken — onbedoelde heiligen, gewonde genezers. Mensen zoals ik. Mensen zoals jij.

Ja, ik heb God gevonden op alle verkeerde plekken — de plekken waarvan men zwoer dat Hij er nooit zou komen. In mijn gebrokenheid, mijn wanhoop, mijn ontrouw. In suïcidale gedachten, hopeloze nachten, schuldige ochtenden en met schaamte doordrenkt spijt. In mijn slechtheid, mijn rebellie, mijn arrogantie, mijn roekeloosheid.

Hij ontmoette me daar. Niet in mijn kracht, maar in mijn ineenstorting. Niet in mijn deugd, maar in mijn ondeugd.

En Hij verscheen niet alleen op onwaarschijnlijke plaatsen — ik heb Hem ook horen spreken door de meest onwaarschijnlijke mensen. De mensen waarvan men zei dat ze niet gekwalificeerd waren:

Alcoholisten.
Gescheiden vaders.
Ontrouwe vrouwen.
Porno-verslaafden.
Kettingrokers.
Mensen met littekens van naalden en een strafblad.
Willekeurige mensen in de sportschool.
Mensen die niet in het keurslijf passen, die de taal niet spreken, die er niet bij horen.

Hij blijft mijn leven binnenstormen via barsten en ineenstortingen — in de echte dingen, de rauwe dingen, de moeilijke dingen, de slechte dingen. Zoals Leonard Cohen zei: "There is a crack in everything. That's how the light gets in."²⁶ (Overal zit een barst in. Daardoor komt het licht binnen)

Mijn donkerste ballingschap werd de helderste genade.

We leerden 'het licht' te zoeken op de geheiligde plaatsen en 'het licht' te horen door de geheiligde mensen. Maar God blijft verschijnen in de gebrokenen — in de gewone, de over het hoofd geziene, de seculiere. Dus, als je Hem hebt gemist in de religieuze omgevingen, maak je geen zorgen.

Hij is niet verdwenen. Hij is gewoon niet gelimiteerd tot de plaatsen, of de stemmen, waarvan men ons vertelde dat Hij er zou zijn.

Tien jaar later... na de crash, de val, de nasleep, geconfronteerd met het bloedbad dat ik veroorzaakte en de lange weg van herstel en genoegdoening, kan ik eerlijk zeggen: gecanceld worden door de christelijke subcultuur was het beste wat mij had kunnen overkomen.

Mijn donkerste ballingschap werd de helderste genade. In de puinhopen vond ik vrijheid. Ik vond mensen die openlijk bloeden, die de waarheid vertellen over zichzelf, ook als die lelijk is. Buiten de gesteriliseerde bubbel van

---

26 Leonard Cohen, zanger, "Anthem" van Leonard Cohen, 24 november 1992, track 5 op *The Future*, Columbia Records.

de christelijke subcultuur ontmoette ik de buitenbeentjes, de verslaafden, de mislukkelingen — degenen met viezigheid onder hun nagels en mislukkingen op hun cv. En zij zijn echt. Rauw. Eerlijk. Onaangedaan door religieuze show, allergisch voor nep en vrome clichés. Dit zijn nu mijn mensen. En ik ga nooit meer terug.

Misschien ben ik mijn plaats in het systeem kwijtgeraakt, maar ik heb mijn ziel gevonden.

Ik ben niet waar ik dacht te zijn in deze fase van mijn leven. Ik leid geen grote kerk. Ik schrijf geen bestsellers. Ik vlieg niet eerste klas om voor duizenden te spreken. Ik heb de invloed niet meer die ik vroeger wel had.

En eerlijk gezegd? Ik ben daar oké mee. Want er is iets anders gebeurd.

De mensen die het dichtst bij me staan zeggen dat ik 'minder' én 'meer' ben dan ik vroeger was. Minder 'wat komt hierna?' en meer aanwezig. Minder Superman (dank God) en meer menselijk. Minder zelfverzekerd en meer zelfbewust. Minder groter-dan-het-leven en meer down-to-earth. Zachter dan ik vroeger was — zeggen ze —, meer begripvol en empathisch.

Mijn eigen mislukkingen hebben me gedwongen om Gods vergeving onder ogen te zien op een manier die me meer vergevingsgezind heeft gemaakt, zonder dat ik er moeite voor deed. Daardoor ben ik minder geneigd wrok te koesteren. Ik ben nu veel dankbaarder voor de kleine dingen. Je zou kunnen zeggen dat kleine dingen tegenwoordig iets groots voor me zijn. Ik beschouw niet meer zoveel als vanzelfsprekend. Mensen zijn belangrijker

— veel belangrijker. Projecten zijn minder belangrijk —veel minder.

Ik ben meer een vriend en minder een netwerker. Ik geniet meer van luisteren. Ik hou meer van de dingen die er echt toe doen. Minuten en momenten zijn nu zoveel belangrijker voor me. Ik geef veel meer om vandaag en veel minder om morgen.

Het leven is kleiner en trager dan het vroeger was. Veel kleiner. En veel trager. En ik hou ervan.

Het is minder groots, minder druk, minder indrukwekkend. Ik heb minder spullen, minder geld, minder connecties. Ik word minder gevierd, heb minder invloed en word minder vaak uitgenodigd. En toch kan het me tegenwoordig allemaal niets meer schelen.

Omdat het leven trager en kleiner is, zie ik meer, hoor ik meer, voel ik meer. Binnen in mij is het rustiger. Ik ben minder afgeleid. Ik ben veel meer tevreden, veel vrijer en veel meer op mijn gemak in mijn eigen lichaam.

Ben ik gearriveerd waar ik moet zijn? Ha! Dat is grappig. Nee — bij lange na niet.

Tegenwoordig leef ik met een ogenschijnlijk ongeneeslijk sluimerende koorts van verdriet vanwege de mensen die ik pijn heb gedaan en sommige relaties die ik verloren heb. Het is de smartelijke wond van 'vroeger was' die niet geneest. Ik leef met afgehakte ledematen. Ik voel me nog steeds alsof ik sommige dagen met witte knokkels doorsta — geneigd om af te dwalen, destructieve omwegen in mijn hart te nemen. Ja, ik ben me volledig bewust van mijn vermogen om het allemaal opnieuw te verknoeien, mijn overspelige geschiedenis herhalend. Heer, ontferm U.

Maar een bepaalde plek of voorstelling van *arriveren* is niet waar ik naar jaag. Als ik me al ergens naar uitstrek, dan is het om te ontvangen wat mij zo genadig is gegeven: Stacie haar liefde. Een familie van mislukte buitenbeentjes als vrienden. De stemmen van mijn kinderen en kleinkinderen. Zonsondergangen en zeebriesjes. Nachtelijke openlucht muziekfestivals met mijn dochter in Miami.

Ik denk dat degenen die mij het beste kennen zouden zeggen dat ik een zekere mate van vrede en tevredenheid heb gevonden en omarmd. Dat er, terwijl ik dingen goed probeer te maken in mijn leven, er een lichtheid in mij is. Ik kan weer zingen. Ik heb een lachend hart. Een hart dat geen reden meer heeft om te doen alsof. Een hart dat alleen komt door te leren ontspannen zoals we ontspannen in de aanwezigheid van iemand waarvan we zeker weten dat die van ons houdt. Een hart dat danst op de melodie van eindeloze genade — de genade die nooit ophoudt mij te troosten gedurende mijn door verwoesting geteisterde leven. Een lachend hart heeft maar één klank: dankbaarheid.

Dichter Maya Popa vangt dit gevoel perfect in de titel van haar boek: "*Wound is the Origin of Wonder*"[27] (*Wonden zijn de oorsprong van verwondering*). En zo is het. En ik ben

---
27 Maya C. Popa, *Wound is the Origin of Wonder: Gedichten* (New York, NY: W. W. Norton & Company, 2022).

dankbaar voor de verwondering die nu mijn wankele en gehavende leven kenmerkt.

Frederick Buechner schreef ooit de beroemde woorden: "Here is the world. Beautiful and terrible things will happen. Don't be afraid."[28] (Hier is de wereld. Er zullen mooie en vreselijke dingen gebeuren. Wees niet bang)

Dat is het overvloedige leven mijn vrienden — de overvloed ervaren. Alles ervan. Het mooie, het verschrikkelijke en alles daartussenin. Elk detail. Recht uit het hart.

Genade, altijd genade.[29]

---

28 Frederick Buechner, *Voorbij Woorden: Dagelijkse Lezingen in het ABC van het Geloof* (New York, NY: Harper One, 2009).
29 Volledig hoofdstuk bewerkt uit Tullian Tchividjian, *Carnage & Grace: Confessions of an Adulterous Heart* (Brenham, TX: Lucid Books, 2024).

HOOFDSTUK 9

Liefde zonder Grenzen

Wanneer Loslaten Iedereen Vrij Maakt

Door Joyce de Vos

Vroeger, als opgroeiend meisje, had ik een ideaalbeeld: de hele wereld moest en zou vrienden van elkaar zijn. Dan zou alles mooier, beter en liefdevoller worden. En hoe moeilijk kon het zijn? Dit was toch hoe God het bedoeld had? Ik denk dat het ergens, diep vanbinnen, een onuitgesproken levensmissie was. Daar ging dit kleine meisje hard haar best voor doen.

Als ik de Bijbel las en dat naast mijn geheime missie hield, leek alles te kloppen. Tal van teksten over liefde sprongen eruit. Ik arceerde ze één voor één, met als gevolg dat mijn Bijbel ontplofte van de gele markeringen.

Dit móest het zijn. Ik had het ontdekt. De wereld moest het alleen nog even gaan begrijpen... Toen ik net getrouwd was met David, schreef ik mijn eerste boek, Onvoorwaardelijk. Indirect was dit mijn pleidooi voor wereldvrede, die — wat mij betreft — elk moment kon doorbreken. Ik daagde mijn lezers uit om met een andere bril naar de mensen om hen heen te kijken: een onvoorwaardelijke bril. Mijn hoop was dat dit uitnodigde om meningsverschillen en conflicten te laten varen, zodat we simpelweg van elkaar zouden houden. Naar mijn idee was het een gat in de markt. Want wie schreef hier nu over?

In diezelfde periode deed ik meerdere persoonlijkheidstesten. Elke uitslag bevestigde wat ik eigenlijk al wist: ik ben een mensenmens met teamspirit die liever kiest voor harmonie dan voor conflict. Daar scoorde ik torenhoog op. Zodra er spanningen ontstonden, voelde ik me oncomfortabel en schoot mijn hoofd automatisch in de oplossingsmodus. Want harmonie, dat was heilig voor mij.

Jarenlang bleef ik vasthouden aan die geheime missie. Ik begon met het schrijven van liederen, publiceerde blogs vol liefde en herkenning en werd hier en daar uitgenodigd om te spreken. Waar ik ook kwam, liefde en eenheid voerden altijd de boventoon. Want als mensen dit écht zouden begrijpen... dan kwam alles goed. Toch?

Mijn hart en drijfveren zijn nog altijd hetzelfde, maar mijn kijk op onvoorwaardelijke liefde is in de afgelopen vijf jaar wel drastisch veranderd. Er zijn gebeurtenissen geweest die mijn perspectief voor eens en voor altijd hebben verschoven. In dit hoofdstuk neem ik je daarin mee.

CONFRONTATIES IN EEN VERDEELDE WERELD

In 2020 brak de coronatijd aan. Een periode waarin vriendschappen, huwelijken, families en kerken onder druk kwamen te staan. Toen we als organisatie Go and Tell ons jaarlijkse Simply Jesus-event organiseerden, kregen we de meest pijnlijke verwijten naar ons hoofd geslingerd. Het evenement was alleen toegankelijk voor wie gevaccineerd was of een test kon overleggen. Veel christenen ervaarden dit als uitsluiting of zelfs als verraad. Ik zal nooit vergeten hoe oncomfortabel ik me voelde, juist binnen mijn eigen vertrouwde, christelijke bubbel.

Relaties boven meningen plaatsen is niet altijd gemakkelijk, maar ik geloof dat God ons daartoe oproept. Juist wanneer we het niet met elkaar eens zijn.

En het bleef niet bij die ene storm. Ook binnen mijn familie en vriendenkring brak de spanning los. We bleken fundamenteel anders te denken over dit soort thema's. In onze pogingen elkaar te begrijpen — hoe meer je van iemand houdt, hoe groter die drang — deden we ons best om standpunten te verduidelijken. Maar hoe goed de intenties ook waren, het bracht verwijdering. En dat deed pijn. Aan beide kanten.

Het ergens over oneens zijn en toch even goede vrienden blijven? Voor veel mensen — zeker in Nederland — blijkt dat een brug te ver. Heb je een andere mening, dan wordt die al snel van de daken geschreeuwd. En ik begrijp die drang. Thuis wil ik ook dat mijn mannen het altijd met me eens zijn. Toch is dat vaak niet het geval. We zijn anders gemaakt en denken dus ook anders. Soms ingewikkeld, maar het is nu eenmaal zo. En als dat al binnen één gezin zo werkt, hoeveel te meer daarbuiten?

De uitdagingen die David en ik in die jaren op landelijk én familiair vlak meemaakten, vertelden niet alleen óns verhaal — het was het verhaal van zovelen. Als het niet over corona ging, dan wel over iets anders. De grootste uitdaging zit vaak niet in het hebben van verschillende zienswijzen, maar in hoe we ermee omgaan. Relaties boven meningen plaatsen is niet altijd gemakkelijk, maar ik geloof dat God ons daartoe oproept. Juist wanneer we het niet met elkaar eens zijn.

Hoe mooi zou het zijn als we ons zouden richten op onze overeenkomsten in plaats van onze verschillen? Dat is in elk geval wat wij als familie besloten te doen, dwars door alle corona-perikelen heen. Onze liefde bleek groter dan de tegenstelling van onze overtuigingen. Ik heb inmiddels geaccepteerd dat grote meningsverschillen ook gevoelens van rouw met zich meebrengen. Het is verlies, wanneer mensen die je lief zijn niet aan 'jouw kant' lijken te staan. Maar het hoeft geen blokkade te vormen. Het biedt juist ruimte om te leren — om groter te denken dan je eigen denkkader, en lief te hebben wat compleet anders is dan jij.

EEN BOEK, EEN BREUK, EN DE STORM DAARNA

Na corona werd het rustiger. Geen vaccins, geen mondkapjes, geen toegangsbewijzen meer. Achteraf voelde het bijna als een nare droom waaruit we ontwaakten. Heel even dacht ik: misschien komt die wereldvrede er toch nog. Stiekem kreeg ik hoop. Al was het van korte duur...

In september 2023 vierden we Davids veertigste verjaardag, omringd door zijn beste vrienden. Ik voelde me rijker dan ooit. Hiermee sloten we eindelijk een zwaar hoofdstuk af. Als je *Rauw*[30] hebt gelezen, weet je hoeveel er op privévlak is gebeurd. Nu was er weer ruimte om vooruit te kijken. Maar wat ik toen nog niet wist, was dat er nóg een zwaar jaar op ons wachtte.

Biografie *Rauw*[31] was nog in ontwikkeling toen ik het script voor het eerst las. En eerlijk? Het was confronterend. Onze processen teruglezen, de mentale

---
30 Marcel Langedijk, *Rauw: Het Eerlijke Verhaal* (Go and Tell Media, 2024).
31 Langedijk, *Rauw*.

worstelingen, de conflicten — het waren onderwerpen die ik liever dicht had gelaten. Nu zou de hele wereld ze lezen. Over sommige delen moesten we flink stoeien, maar uiteindelijk ontstond er een manuscript waar we allebei volledig achter stonden.

Toen het *Algemeen Dagblad*, nog voor de boekuitgave, met een kritisch artikel kwam, *Simply Jesus* werd geannuleerd en veel christenen vielen over Davids uitspraak 'iedereen is een kind van God', brak er iets in mij. Mijn harmonieuze hart raakte opnieuw in crisis. Ik zakte weg in een zwart gat. De rolluiken bleven letterlijk wekenlang gesloten. Ik deed zelfs boodschappen buiten ons dorp, uit angst onvriendelijk bejegend te worden. Alles in mij stormde.

Behalve in onze relatie. Juist in deze periode wierp alle energie én therapie die we erin gestopt hadden z'n vruchten af. Jaren geleden waren we elkaar emotioneel uit het oog verloren. Nu hielden we elkaar stevig vast. We begrepen elkaars verschillen en moedigden elkaar aan om te blijven groeien. Dat was een wonder op zich.

VAN CRISIS NAAR CREATIE

Om meer context te geven aan het boek, trokken we het land in: twaalf theateravonden in twaalf provincies. En ik wilde geen enkele missen. Niet alleen vanwege de inhoud, maar ook vanwege de gesprekken achteraf. Zoveel mensen waren geraakt, verlicht of zelfs genezen door het verhaal van *Rauw*. Sommigen hadden God opnieuw — of voor het eerst — ontmoet. Na zo'n pittige tijd voelde het alsof alles tóch zin had gehad. Ondertussen bleef Davids uitspraak 'Iedereen is een kind van God' de gemoederen bezighouden. Psalm 139 is een van mijn favoriete Bijbelgedeelten. Daarin staat dat God ons in de moederschoot heeft geweven. Als dat zo is, waarom roept die uitspraak dan zoveel weerstand op? Wat triggert christenen zo diep dat ze publiekelijk — zichtbaar voor buitenstaanders — hun verontwaardiging moeten uiten? Wat voor geluid geven we hiermee af aan de wereld? Ik schaamde me voor mijn christelijke bubbel.

Niemand heeft het alleenrecht op de waarheid.

David startte *Rauw Talks* — openhartige gesprekken over die gevoelige thema's. De reacties waren voorspelbaar: weerstand, harde opmerkingen, donateurs die hun steun introkken. Ik voelde opnieuw die onrust opkomen. "Moeten we hier niet mee stoppen, Daaf? Zoeken we het niet te veel op?", vroeg ik huilend. Maar als ik eerlijk was, zat mijn onrust dieper. Ik wilde simpelweg iedereen te vriend houden. Mijn grootste angst was dat we onze goede reputatie zouden verliezen.

Toch begon ik onze tegenstanders ook te begrijpen. Ik herkende die weerstand in mezelf. Ook ik kom in opstand als dingen anders gaan dan ik had gehoopt of gepland. Vooral als mijn zekerheden wankelen. Steeds meer begon ik die reacties te zien als uitingen van verlies. Niet als weerstand tegen *ons*, maar tegen hun pijn. En dat gaf rust.

Ik zag ook dat Davids drang om nieuwe perspectieven te openen niets met tegendraadsheid te maken had. Zijn hart als evangelist bloeide juist verder open. Zijn verlangen om het Goede Nieuws te brengen aan iedereen: *jij hoort erbij*. Geen voorwaarden. Geen prestaties. Je mag het ontvangen om niet. Ik zag een last van zijn schouders vallen — en dat raakte me.

LIEFDE DIE GROTER IS DAN GELIJK KRIJGEN

Met meer dan 45.000 kerkelijke denominaties wereldwijd besefte ik: niemand heeft het alleenrecht op de waarheid. Misschien is het juist nodig om los te komen van de gedachte dat we ultieme waarheden nodig hebben om overeind te blijven. Er moet ruimte zijn voor vragen, twijfels, nuance — en andersdenkenden. Zoals David altijd zegt: "God valt niet van Zijn troon als je twijfelt." En ik geloof dat ook. God zoekt niet naar onze antwoorden, maar naar ons hart. Zodat Hij het kan vullen met Zijn liefde.

Er zijn in de Bijbel slechts een paar momenten waarop Gods stem hoorbaar klinkt. Een daarvan is wanneer Hij zegt: "Jij bent mijn geliefde Zoon, in jou vind Ik vreugde." Als dat is wat God over Jezus zegt — en als wij geloven dat we Zijn kinderen zijn — zou dat dan niet de kern van de boodschap aan ons allemaal moeten zijn? Dat we geliefd, gewild en gezien zijn? En dat niets ons kan scheiden van Zijn liefde?

BREUK IN DE KERK, HERSTEL IN HET HART

Net toen ik dacht dat die storm achter me lag, kwam er nog een. De kerk waar ik achttien jaar deel van uitmaakte, ging door een scheuring. Een pijnlijke, met veel impact. Op mijzelf, op dorpsgenoten, ongeacht aan welke kant je stond.

Ik was actief in het muziekleiderschap, maar toen dingen begonnen te schuiven besloot ik mijn verantwoordelijkheden terug te geven. Vroeger zou dit me intern volledig hebben ontwricht, maar nu bleef ik opmerkelijk rustig. Misschien omdat ik inmiddels geleerd heb te geloven dat niets zonder reden gebeurt.

Met de vrijgekomen tijd keerde ik naar binnen. Ik probeerde gedachten te ordenen, te verwerken, en vooral: te rusten. Ik pakte mijn liedjesboek erbij, het boek waarmee ik regelmatig op pad ging. Maar er kwam niets. Geen melodieën, geen zinnen. Hooguit wat losse woorden en krabbels.

Ik had de hoop op nieuwe inspiratie opgegeven. Totdat, in de nasleep van de kerkcrisis en tijdens een periode van complete rust, de creativiteit ineens begon te stromen. Tijdens het koken. Onder de douche. In de auto. Zelfs in mijn slaap. Het enige wat ik nodig had, was een dictafoon.

Binnen no-time ontstonden er tien nieuwe nummers. Zónder verwachting. En dat terwijl 'verwachting hebben' voor mij altijd dé voorwaarde leek om iets voor elkaar te krijgen. Maar het was juist die `adempauze` die me bracht waar ik moest zijn. Soms ontstaan de mooiste dingen als je niets probeert af te dwingen. Herken je dat?

VRIJHEID IN VRIJLATEN

Hoe nu verder met scheuringen binnen de kerk? Vroeger dacht ik dat alles gefikst moest worden. Maar ook hierin ben ik anders gaan kijken. Meningsverschillen zullen altijd bestaan. Soms groei je uit elkaar. Dat is pijnlijk, zeker, maar het betekent niet dat je blijft stilstaan. Je mag — je móet — verder met je leven. En daarbij is het van belang dat bitterheid niet de overhand krijgt. Wat er ook gebeurt.

Maar meer dan ooit vind ik vrijheid in het vrijlaten van mensen. In wie ze zijn. Wat ze geloven. Hoe ze denken.

De afgelopen vijf jaar waren intens, maar leerzaam. Ik zie nu in, veel meer dan de tijd ervoor, dat we allemaal verschillend zijn geschapen door God. Daar waar ik de Bijbel geel markeerde bij teksten over liefde en vrede, doet iemand anders dat bij strijd en gerechtigheid. Waar mijn persoonlijkheid hunkert naar harmonie, is dat voor een ander bijzaak. En dat is maar goed ook. We hebben elkaar nodig om in balans te blijven.

Ik zie nu ook dat de Bijbel vol staat met conflicten. En dat die niet per se het einde betekenen. Conflicten kunnen leiden tot verdieping, tot groei. Ze laten je zien wie je bent — met je kracht én je kwetsbaarheid. Denk maar aan Abraham en Lot: na hun conflict werd hun land vergroot. Of Jakob en Esau: ze kwamen er beide sterker uit. En wat dacht je van Jezus zelf? Door het conflict te omarmen, rekende Hij voor eens en voor altijd af met de dood!

En ja, liefde en eenheid zijn nog steeds mijn blueprint. Dat heeft God in mij gelegd. Ik wil bruggen bouwen. Verbinden. Begrip creëren. Maar meer dan ooit vind ik vrijheid in het vrijlaten van mensen. In wie ze zijn. Wat ze geloven. Hoe ze denken. Ook dát is liefde. Ook dát is het navolgen van wie Jezus is: de man zonder oordeel. De man die zich alleen maar druk kon maken om mensen die de weg richting zijn Vader versperden. Mijn definitie van liefde is ruimer geworden. Groter dan een karaktereigenschap. Liefde ís God. En *Liefde wint altijd.*

HOOFDSTUK 10

Liefde's Laatste "Nee" en Eeuwige "Ja"

Van Adams Val tot de Omhelzing van de Vader

Door Dr. C. Baxter Kruger

*W*aarom stierf Jezus? Waarom was zijn dood noodzakelijk? Wat gebeurde er met Zijn dood en wat betekent dat voor ons? In elk gebied van het leven — relaties, wetenschap en christelijk geloof — moeten we de dingen leren kennen zoals ze werkelijk zijn. Zonder inzicht in de dynamiek achter een gebeurtenis als de dood van Jezus riskeren we verkeerde interpretatie. We moeten ontdekken wat Zijn dood noodzakelijk maakte en het in de juiste context begrijpen. Anders blijven we achter met een 'nep-Jezus' — niet inspirerend en niet in staat om echt leven en passie voort te brengen. Duidelijkheid is geen luxe; het is een kwestie van leven of dood. Twee grote werkelijkheden vormen de ware context van Christus' dood. De eerste is het hart van God — zowel Zijn bedoeling met ons als het vuur in Zijn binnenste om die bedoeling koste wat kost te vervullen.

De dood van Jezus Christus maakt deel uit van een naadloze beweging die begon in de eeuwigheid met de Vader, de Zoon en de Geest en culmineert in de verhoging van de mensheid door Jezus' hemelvaart naar de rechterhand van de Vader. Om te begrijpen waarom Jezus stierf, moeten we terugkeren naar de eeuwige beslissing van de Drie-eenheid om ons in Hun gedeelde leven op te nemen. Wat Jezus naar het kruis dreef, was de ontembare passie van de Vader om ons als Zijn geliefde kinderen te hebben. Jezus stierf omdat God ons liefheeft met een onwankelbare, eeuwige liefde die weigert ons verloren te laten gaan. De tweede grote reden voor Zijn dood is wat de Bijbel 'zonde' noemt — de diepe geestelijke ziekte die via Adam binnenkwam en de schepping zelf bedreigde. Jezus stierf omdat de Vader Zijn droom met ons niet wilde opgeven en de enige manier om die droom, ondanks de zonde, te vervullen, was door de mensheid opnieuw te scheppen via dood en opstanding.

HET VUUR IN GODS BINNENSTE

Wat onderscheidt de christelijke visie op God van andere religies? Twee ongeëvenaarde waarheden: de leer van de Drie-eenheid en de nederigheid van God. In tegenstelling tot de verre, zelfingenomen goden van menselijke verbeelding — afstandelijk, onbenaderbaar, gericht op zichzelf en op zaken die zogenaamd belangrijker zijn dan het menselijk bestaan — buigt de christelijke God zich neer en treedt Hij de menselijke geschiedenis binnen op de meest persoonlijke manier. Hij verlangt naar eenheid met ons en is bereid zichzelf te vernederen, zelfs te lijden, om dat mogelijk te maken. Andere goden blijven op afstand, bezig met hun eigen eer, maar de God van het christendom komt dichtbij.

> *Vanaf het begin was Zijn plan om ons niets minder dan Zichzelf te geven.*

De christelijke God is het tegenovergestelde van de zelfgerichte goden van menselijke verbeelding. Hij is geen nemer, maar een gever — iemand die het haat om onaanraakbaar te zijn. Van voor het begin had God grootse plannen met ons. Hij is niet onverschillig of afstandelijk, maar diep betrokken bij ons welzijn, vastbesloten om ons te zegenen met leven, volheid en glorie. De christelijke God overbrugt verlangend de oneindige kloof tussen Schepper en schepsel door ons op te heffen tot eenheid met Hemzelf. Deze visie is uniek — een God van genade, nederigheid en gerichtheid op de ander, die niet alleen relatie zoekt, maar eenheid, zelfs niet alleen eenheid, maar volledige deelname aan Zijn eigen vreugde, schoonheid en goddelijk leven. Vanaf het begin was Zijn plan om ons niets minder dan Zichzelf te geven. Een deel van wat Johannes bedoelt wanneer hij zegt dat Jezus Christus het *Woord van God* is (Johannes 1:1, 14), is dat er nooit een moment in de eeuwigheid is geweest waarop God zonder ons wilde zijn. Jezus — de geïncarneerde Zoon, de menselijkheid van God — is geen bijgedachte of naschrift. Hij is het eeuwige voorwoord. De relatie tussen God en de mensheid die in Jezus Christus werd gesmeed, is geen noodoplossing; het is het eeuwige plan van God, nog vóór de schepping zelf. God is altijd voornemens geweest om vlees te worden. Dit is Zijn eeuwige Woord, gesproken vanuit Zijn wezen als de God die liefheeft en vastbesloten is ons te zegenen boven alles wat wij ons kunnen voorstellen. "Niet God alleen, maar God en mens samen vormen de inhoud van het Woord van God dat in de Schrift wordt bevestigd."[32]

Achter deze visie van God die zich neerbuigt om relatie, eenheid, met mensen aan te gaan om ons te zegenen, staat het feit dat God Vader, Zoon en Geest is. De Bijbel vertelt ons dat de Vader de Zoon liefheeft, dat de Zoon de Vader liefheeft en dat zij alles delen in de liefde en de ongebonden gemeenschap van de Geest. Niets wat er over God gezegd kan worden, is fundamenteler dan deze wederzijdse liefde en deze gemeenschap. God bestaat als Vader, Zoon en Geest in een rijke en

---

32 Karl Barth, *Kirchliche Dogmatik* (Edinburgh: T. & T. Clark, 1956), Dl. I/2, p. 207.

glorieuze en overvloeiende gemeenschap van aanvaarding, vreugde, passie en liefde. De droom van het menselijk bestaan begint hier, in de ongeremde gemeenschap en verbondenheid van de Vader, de Zoon en de Geest. Alles wat we over God zeggen — Zijn liefde, heiligheid, gerechtigheid, volheid en vreugde — is uiteindelijk een weerspiegeling van de relatie tussen de Vader, de Zoon en de Geest. Geloven in de Drie-eenheid is geloven dat God een relationeel wezen is en dat Hij dat altijd geweest is. Gemeenschap, verbondenheid, zelfopoffering en gerichtheid op de ander zijn geen toevoegingen aan Gods natuur — ze zijn de kern van wie Hij is. De Vader is niet op zichzelf gericht; Hij houdt van de Zoon en de Geest. De Zoon is niet vol van narcisme; Hij verheugt zich in de Vader en de Geest. De Geest is niet bezig met Zijn eigen glorie; Hij houdt van de Vader en de Zoon. Geven, niet nemen maar delen, ligt in het hart van Gods leven. Dit is de schoonheid van de Drie-eenheid: een God wiens volheid te vinden is in relatie, niet in isolatie.

Wanneer het christendom God zegt, zegt het relatie — zelfopofferende liefde, geuit in grenzeloze gemeenschap en vreugdevolle eenheid. Het zegt niet zelfgericht, afstandelijk, onverschillig of streng. Het zegt niet eenzaam, verdrietig, verveeld of behoeftig. Het christendom zegt Vader, Zoon en Geest in een relatie van vreugde, aanvaarding en overvloeiende liefde — een relatie zo rijk en werkelijk, zo open en goed, dat we alleen kunnen zeggen: God is drie en toch volkomen één. Hoewel eeuwig verschillend, is hun liefde zo puur en hun gemeenschap zo diep dat elk ander woord dan 'één' tekortschiet om hun verbondenheid te beschrijven.

Zo'n visie op God is het hart van het christendom — maar we mogen daar niet stoppen. Op het moment dat we spreken over de Drie-enige relatie, zeggen we iets diepzinnigs over het hele universum. Deze vreugdevolle gemeenschap, deze onuitsprekelijke eenheid van liefde, is de baarmoeder van het universum en van de mensheid daarin.

Het universum, ons zonnestelsel, de aarde en de mensheid zijn niet eeuwig. Er was een tijd dat ze er niet waren — dat alleen de cirkel van de heilige Drie-eenheid bestond. De schepping — de geboorte van alle dingen, zichtbaar en onzichtbaar — was de daad van de Drie-enige God. Paulus vertelt ons dat deze scheppingsdaad voortkwam uit een eerdere beslissing (Efeziërs 1:4-5): het was de vrucht van een voornemen, de overloop van een vastbesloten hart.

Nog vóór de blauwdruk van de schepping getekend was, hadden de Vader, de Zoon en de Geest hun liefde en overvloedige genade op ons gericht. God hield het Drie-enige leven en de glorie niet voor Zichzelf, maar koos ervoor het te delen, het aan ons te schenken. Waarom? Omdat in het centrum van alles de diepe, blijvende liefde van de Drie-enige God staat. Die cirkel van wederzijdse vreugde, intimiteit en eeuwige volheid is de bron en het doel van al Gods denken en handelen.

Jezus stierf omdat de Drie-enige God absoluut weigerde hun droom met ons op te geven.

De drang om te delen, ons erbij te betrekken, te zegenen — samen met de onwrikbare vastberadenheid om dat koste wat kost te doen — vloeit rechtstreeks voort uit de relatie van de Vader, de Zoon en de Geest. Zo'n buitensporige vrijgevigheid, gerichtheid op de ander en opofferende zorg zijn geen uitzonderingen bij God; ze zijn hoe God ís. Dit is de diepste waarheid over God, het diepste deel van de goddelijke bron.

Maar waarom deze liefde op ons is gericht — waarom wij de ontvangers zijn — is een andere vraag. Het is in overeenstemming met wie God is, maar niet noodzakelijk. Er is geen verplichting in, alleen genade. En tegenover zo'n liefde kunnen we alleen maar verbaasd, verwonderd en diep geraakt staan.

Het christelijk geloof begint met zo'n verwondering.

Deze beslissing — voortkomend uit het wezen van God — om alles wat de Vader, de Zoon en de Geest zijn en hebben met ons te delen en de ontembare vastberadenheid dat dit zo zou zijn, is de ware context van de dood van Jezus Christus. Jezus stierf omdat de Drie-enige God absoluut weigerde hun droom met ons op te geven. *"Want God had de wereld zo lief"*, zegt Jezus, *"dat Hij Zijn enige Zoon gaf…"* (Johannes 3:16). Nog vóór de schepping had God al besloten om de mensheid in te sluiten in de Drie-enige cirkel van leven, volheid en vreugde. En met die beslissing kwam een vuur in Gods binnenste om het te volbrengen, wat het ook zou kosten. Het Lam was geslacht vóór de grondlegging van de wereld.

Dus wat deed God toen Adam in zonde viel? Wende Hij zich af in walging, barstte Hij uit in woede, of beraamde Hij wraak? Nee. De val werd beantwoord door het eeuwige Woord van God. De chaos en de verwoesting van Adams rebellie werden beantwoord met een fel goddelijk "Nee! Ik heb je niet geschapen om verloren te gaan. Ik heb je niet geschapen om te ploeteren in ellende, te leven in zo'n verschrikkelijke pijn, gebrokenheid, verdriet en armoede. Ik heb je geschapen voor het leven, om deel te hebben aan Mijn leven en heerlijkheid, om deel te nemen aan de volheid en vreugde, de vrij stromende gemeenschap en goedheid en heelheid die Ik deel met Mijn Zoon en Geest. En Ik wil het op geen enkele andere manier hebben. Zo zal het zijn."

Meer dan veertig keer vertelt Johannes ons in zijn evangelie dat Jezus Christus door God de Vader is gezonden. Johannes zag dat de komst van Jezus Christus, zijn dood aan het kruis, voortkwam uit de eindeloze liefde van de Vader voor ons en uit Zijn onverzettelijke vastberadenheid dat Zijn doel met ons vervuld zou worden.

De dood van Jezus Christus openbaart het feit dat de Vader ons nooit heeft verlaten, ons nooit in de steek heeft gelaten en dat Hij weigert afstand te doen van Zijn droom om ons op te nemen in de cirkel van het leven. De dood van Jezus is onderdeel van de vervulling van het eeuwige plan van God, deel van een naadloze beweging die bedoeld is om de mensheid te grijpen en ons op te tillen in het drie-enige leven van God. Want de Vader wil het niet anders hebben. Hij zal met niets minder 'tevreden' zijn.

DE VAL VAN ADAM EN HET GODDELIJKE DILEMMA

Om de dood van Jezus Christus te begrijpen, moeten we beginnen in de eeuwigheid bij de Vader, de Zoon en de Geest — en bij hun besluit om de mensheid op te nemen in hun gedeelde leven en heerlijkheid. Dit besluit vormt het fundament voor de incarnatie, het leven, de dood, de opstanding en de hemelvaart van Jezus. Hij werd mens om een eeuwige relatie te scheppen tussen zijn Vader en de mensheid, om de middelaar te zijn waardoor goddelijk leven menselijke existentie doorkruist, ons optillend in de cirkel van de drie-eenheid. Zonder dit eeuwige voornemen zou er geen schepping, geen incarnatie en geen kruis zijn geweest.

Het vuur in Gods binnenste — Zijn overweldigende liefde — drijft zowel de incarnatie als de dood van Christus. Maar binnen dit grotere verhaal ligt nog een cruciale waarheid: de enige weg van de catastrofe van Adam naar de rechterhand van de Vader is door de dood.

De val was zo verwoestend dat verlossing niets minder vereiste dan herschepping door dood en opstanding.

Toen ik opgroeide, leerde ik de juridische definitie uit de Westminster Shorter Catechism: "Zonde is elk gemis aan conformiteit aan, of overtreding van, de wet van God."[33] Maar zonde gaat dieper dan wetsbreuk. Het echte probleem is ziekte — een geestelijke kanker. Het juridische kader verwart de vrucht met de wortel. Zonde corrumpeert ons hele wezen.

Op de universiteit kwam ik *De Incarnatie van het Woord van God* van Athanasius tegen, een boek dat onverwacht mijn opvattingen vormde. Athanasius hield vol dat het ondenkbaar was dat God zich zou afkeren van de schepping die Hij liefhad. Toen hij geconfronteerd werd met de ondergang van de mensheid, vroeg Athanasius: "Wat moest God, als goed zijnde, doen toen Zijn schepping terugviel in het niets?" Zijn antwoord: "Dezelfde goddelijke vastberadenheid om te zegenen die de schepping voortbracht, zond de Zoon om haar te redden."[34]

Athanasius leerde me ook dat zonde een organisch probleem is. Gods oplossing was om een soort hemelse administratie in balans te brengen — het was het genezen van de ziekte. Vergeving moest wortel schieten in echte, belichaamde verzoening die relatie herstelde. Een paar maanden later, terwijl ik een Bijbelstudie voorbereidde, greep ik naar een visueel hulpmiddel:

---

[33] Westminster Assembly, *De Westminster Korte Catechismus: Met Schriftbewijzen* (Philadelphia: Presbyterian Board of Publication, 1852), V.14.
[34] Athanasius van Alexandrië, *Over de Menswording van het Woord van God*, vert. en red. een religieuze van C.S.M.V. (Londen: A. R. Mowbray & Co., 1920), §6.

een schaal met rotte sinaasappels, slijmerig en in elkaar zakkend. Zonde, zei ik tegen de groep, is niet slechts verkeerd doen — het is corruptie, vervreemding, een afbraak van onze menselijkheid van binnenuit.

Als Gods doel is ons op te tillen in de gemeenschap van de Drie-eenheid, dan moet de ziekte genezen worden. De kanker moet worden weggesneden — zonder ons in het proces te verliezen. Dat is de uitdaging waar de liefde van de Drie-eenheid voor stond bij de val.

De sinaasappel-analogie helpt, maar is beperkt. Om dieper te gaan, moeten we in de ziel van Adam kijken. Zonde dompelde hem onder in angst. Hij en Eva leefden niet alleen, maar waren vervuld van overvloedig leven — de volheid die voortkomt uit vrij zijn om lief te hebben en geliefd te worden, om te kennen en gekend te worden, om te geven en te ontvangen. In ware gemeenschap wordt iets in ons gewekt dat verder gaat dan onszelf — iets dat alleen mogelijk is door de vrijheid van God.

Zoals mijn vriend Cary Stockett zegt, deze vrijheid was niet "ingebouwd in de fabriek". Ze behoorde toe aan de Vader, de Zoon en de Geest — en Adam en Eva deelden erin. Hoe? Door de waarheid. Jezus zei: *"En u zult de waarheid kennen, en de waarheid zal u vrijmaken"* (Johannes 8:32, HSV). Door de waarheid te kennen, deelden ze in Gods vrijheid van zelfgerichtheid, een vrijheid voor zelfopoffering en gemeenschap. En in die gemeenschap was hun bestaan vervuld met overvloedig leven.

Adam en Eva hoorden bij God. Ze waren Zijn kostbare schepping, het voorwerp van Zijn vreugde en overweldigende zegen. Leven in de waarheid van wíe ze waren en ván Wie ze waren, vervulde hen met diepe vrede en blijvende zekerheid. Die zekerheid werd de sterkste kracht in hun leven — het gaf hen de vrijheid om lief te hebben en geliefd te worden, te geven en te ontvangen, te kennen en gekend te worden. Vanuit die vrijheid kwam gemeenschap voort en uit gemeenschap kwam *overvloedig leven* — een leven vol vreugde, intimiteit en heelheid.

Maar dat alles viel uiteen op het moment dat ze de leugen van de slang geloofden. De val begon niet met de beet, maar met het breken van vertrouwen — toen ze ophielden de waarheid te geloven en de illusie aannamen dat God iets voor hen achterhield. Angst sneed hun ziel door als een scheermes. De zekerheid die hen ooit verankerde maakte plaats voor angst, onzekerheid en schuld. De doop van angst herijkte hun perceptie van God en van elkaar. Verbergen, zelfbescherming en zelfgerichtheid volgden en doodden de vrijheid die nodig was voor gemeenschap en leven.

Zoals een klein meisje dat verlamd is door het geloof in een monster in de kast, werden Adam en Eva overweldigd door een vals verhaal. De leugen vernietigde hun vreugde en bracht een golf van verdriet teweeg — bitterheid, afgunst, strijd, zelfs moord. Angst werd de matrix van menselijke existentie, het gif dat elk deel van de schepping doordrenkte.

Hoewel ze nog ademden, leefden Adam en Eva niet langer in de volheid waarvoor ze waren gemaakt. De leugen die ze geloofden, beïnvloedde niet alleen hun leven — het corrumpeerde hun hele wezen. Zoals Athanasius schreef, begonnen ze terug te vallen in het niets. Vervreemd van God en afgesneden van Zijn leven balanceerden ze op de rand van vernietiging. De val was niet slechts moreel falen; het was existentiële instorting. Niets minder dan goddelijke interventie kon herstellen wat verloren was gegaan.

Het diepste probleem van de zonde was niet simpelweg dat Adam en Eva ongehoorzaam waren —het was dat Gods aanwezigheid, ooit hun vreugde, hen nu met angst vervulde. *"Toen verborgen Adam en zijn vrouw zich voor het aangezicht van de HEER"* (Genesis 3:8, HSV). Waarom? Niet omdat ze bang waren voor straf, maar omdat volmaakte liefde nu hun leegte blootlegde. De vreugde, vrijheid en goedheid van God werden ondraaglijk in contrast met hun gebrokenheid.

God spreekt in liefde, maar ons gehoor is vervormd.

C.S. Lewis beschrijft in *The Great Divorce* een ontmoeting met een hemels wezen waarvan de aanwezigheid voelde als "een last van massief goud".[35] Het was geen

---

35 C. S. Lewis, *De Grote Scheiding* (New York: Collier Books, Macmillan Publishing Co., 1946), p. 64.

angst die hem verpletterde — het was het gewicht van ongefilterde goedheid dat zijn eigen onechtheid onthulde. Dat was waar Adam en Eva bang voor waren. En dus verstopten ze zich. We zijn ons sindsdien blijven verbergen.

Maar de tragedie gaat dieper. De val verbrak niet alleen de gemeenschap — het vervormde de waarneming. Adam en Eva begonnen God te zien door nieuwe 'mentale brillen' — brillen gevormd door angst, schaamte en vrees. God was niet veranderd; Hij was nog steeds trouw, liefdevol en vrijgevig. Maar hun blik op Hem was wel veranderd. Ze projecteerden hun gebrokenheid op Hem en stelden zich een god voor die wispelturig was, afstandelijk en klaar om af te wijzen.

Dit is het grote dilemma van de val: een diepgaande communicatiestoornis. God spreekt in liefde, maar ons gehoor is vervormd. Zijn zelfopofferende natuur wordt ervaren als voorwaardelijk. Zijn gemeenschap voelt als oordeel. Het gevallen denken, met deze mentale brillen, interpreteert zelfs goddelijke genade als bedreiging. De vraag blijft: hoe kan God door onze projecties heen breken en openbaren wie Hij werkelijk is?

ISRAËL ALS DE BAARMOEDER VAN DE MENSWORDING

De reactie van de Vader, de Zoon en de Geest op Adams val in de zonde kan in één woord worden samengevat: "Nee!" Dat "Nee" weerklonk als de eeuwige "Ja" van Gods wil om het goddelijke leven met de mensheid te delen. God is vóór ons — en daarom totaal en hartstochtelijk tegen onze ondergang. Dit is het juiste begrip van de toorn van God: niet het tegenovergestelde van liefde, maar liefde in de tegenactie.

Vanuit deze tegenstand begint het plan van verzoening. God roept Abraham, vormt een volk en begint een lange, pijnlijke relatie met Israël — niet om theologie te verspreiden, maar om de gevallen Adam opnieuw te benaderen voor een levende relatie. De wet, gegeven door Mozes, was niet het punt. Het ging om contact — God die opnieuw de relatie met de mensheid binnentreedt.

Eén van T. F. Torrance's grote bijdragen aan het christelijk denken is de manier waarop hij de verscheurdheid van Israëls bestaan begrijpt.[36] Terwijl Adam en Eva zich voor God verborgen, werd Israël geroepen tot directe gemeenschap met Hem — niet met een abstracte wet, maar met de levende God. Aan de ene kant was er de grenzeloze vreugde en intimiteit van de Vader, de Zoon en de Geest; aan de andere kant het gevallen en angstige Israël, dat zijn gebrokenheid op God projecteerde. Hoe kon zo'n relatie ooit mogelijk zijn?

Telkens opnieuw probeerde Israël weg te rennen. De liefde en heerlijkheid van God waren simpelweg te veel om te dragen. Net als Adam en Eva verborgen ze zich — door religie te bouwen om God op afstand te houden, door de volken om hen heen na te bootsen. Maar God

---

36 Zie *The Mediation of Christ* (Grand Rapids: Eerdmann, 1983), *God and Rationality* (Londen: Oxford University Press, 1971), Hoofdstuk 6: "The Word of God and the Response of Man," "Salvation of the Jews" [EQ vol. 22 (1950) blz. 164–173] en "Israel and the Incarnation" [*Judica* vol. 13 (1957) blz. 1–18].

liet hen niet los. Hier was een volk uit Adams gevallen wereld, bang en vervreemd, die directe relatie met God zelf gebracht werd. Denk opnieuw aan C.S. Lewis' uitspraak: "Hier was een God op de troon en stralend, wiens tijdloze geest op de mijne drukte als een last van massief goud."[37] Israël worstelde niet met abstracte ideeën, maar met een goddelijke aanwezigheid die hun werkelijkheid binnendrong en hen neerdrukte als de last der lasten.

De pijnlijke worsteling van Gods relatie met het gevallen Israël bracht twee belangrijke uitkomsten voort. Ten eerste creëerde het een bruggenhoofd in de vervreemde menselijke geest. Door het scheppende werk van de Geest begon Gods openbaring Israëls projecties en vervormingen binnen te dringen, als een louterend vuur. Het levende Woord worstelde met hun gevallen denken en begon zich te kleden in menselijke ideeën. De vrucht van die worsteling en het conflict was het smeden van nieuwe concepten en ideeën zoals verbond, trouw, zonde, verzoening, barmhartigheid, gemeenschap, profeet, priester en koning — allemaal datgene wat "de essentiële bouwstenen van onze kennis van God" zouden worden, zoals Torrance het zegt.[38] Deze concepten, gesmeed in het vuur van openbaring binnen Israëls gevallen geest, werden de nieuwe mentale instrumenten — de bril waardoor de wereld God juist kon gaan zien en in echte gemeenschap met de Vader kon treden.

---

37 Lewis, *De Grote Scheiding*.
38 Thomas F. Torrance, *The Mediation of Christ* (Grand Rapids: Eerdmans, 1983), blz. 20.

Ten tweede bracht de werkelijke aanwezigheid van God in het gevallen Israël een conflict teweeg dat de voedingsbodem werd van de menswording. In Israël was het Woord van God al "op weg om vlees te worden"[39], zoals Torrance zegt. Openbaring was geen abstracte waarheid, maar de onthulling van God zelf — een levende ontmoeting die naar belichaming toewerkte. Het Woord verlangde ernaar niet alleen te spreken, maar in vlees en bloed te wonen. Deze ontmoeting bracht Israëls gebrokenheid aan het licht, ontkenning of verberging was niet meer mogelijk. Ze bracht de val naar de oppervlakte en ontketende een diepgaande strijd — de voorgeschiedenis van de verzoening. In deze spanning werd Israël, vervreemd en bang, opgeroepen tot echte gemeenschap met de levende God en zo werd het toneel klaargemaakt voor de onmogelijke eenheid van God en de gevallen mensheid.

De tegenstrijdigheid en de gemeenschap die ontstonden door de openbaring van God aan Israël in haar duisternis en vervreemding vormen de eerste vorm van dood en opstanding; de eerste hint van het einde en het nieuwe begin van het gevallen Adamitisch bestaan, van het nieuwe verbond, van Pinksteren en de komst van het Koninkrijk van God. Maar meer nog: het conflict dat ontstond door de onthulling van God aan het gevallen Israël schept de baarmoeder van de menswording zelf,[40]

---

39 T.F. Torrance, *Conflict and Agreement in the Church* (Londen: Lutterworth Press, 1959), dl. 1, 266.
40 The phrase is adapted from T.F. Torrance. See *God and Rationality* (London: Oxford University Press, 1971), 149; *Reality and Evangelical Theology* (Philadelphia: Westminster Press, 1982), 87 and *Theology in Reconstruction*, Chapter 8: "The Place of Christology in Biblical and Dogmatic Theology" (Grand Rapids: Wm B. Eerdmands Pub. Co., 1985), 145.

de levende situatie, de ondraaglijke en pijnlijke spanning waarin de Zoon van God zelf geboren zou worden.

DE OMKEER VAN HET ADAMITISCHE BESTAAN IN JEZUS CHRISTUS

Nadenken over de hemelvaart van Jezus Christus is stilstaan bij het wonder van de verzoening. Een zoon van Adam, een Jood, zit nu oog in oog met de Vader in onverbrekelijke eenheid. Dit is de ontmanteling van Edens verberging en Israëls vlucht. De hemelvaart van Jezus verkondigt dat het Adamitisch bestaan is gereorganiseerd, God en Israël zijn verzoend en de leugen van de boze is verpletterd. Gemeenschap, niet angst, definieert nu het verbond.

De christelijke belijdenis is niet die van een algemeen goddelijk wezen, maar van de Zoon — de eeuwige Geliefde van de Vader — die in de Geest onze wereld binnentrad. De incarnatie is niet God op afstand, maar de volle gemeenschap van de Drie-eenheid die haar tent opslaat in Adamitisch vlees. Jezus liet de Drie-eenheid niet achter om mens te worden; Hij bracht haar mee in het moeras van onze vervreemding.

Dit betekent dat de Zoon van God niet alleen het menselijke leven binnenging, maar het gevallen leven. Hij zag wat Adam zag. Hij zette Adams bril op — die de gedaante van de Vader vervormde tot oordeel en verwerping — en Hij voelde het gewicht van die illusie. Toch, zonder ooit op te houden de trouwe Zoon te zijn, trad

Hij het hart van onze gebrokenheid binnen om het van binnenuit te verlossen.

De incarnatie is de paradox van de eeuwige Zoon die leeft in Adamitische vervreemding zonder Zijn identiteit op te geven. Om deze tegenstrijdigheid op te lossen, moest óf de Drie-eenheid breken —óf Adam bekeerd worden. De Drie-ene gemeenschap brak niet. Ze ging de strijd aan.

Jezus stapte in onze schoenen en weigerde gevallen te leven. Stap voor stap, slag na slag, boog Hij de verdraaide logica van de Adamitische geest terug. Zijn leven was één lange kruisvormige strijd —drieëndertig jaar van trouw binnen ons vervreemde bestaan. Getsemane was niet het begin van Zijn lijden; het was een venster erin.

Aan het kruis liep Jezus het diepste van Adams vervreemding binnen. Daar, waar de mythologische god heerste in Adams verbeelding, voelde Jezus zich verlaten. *"Mijn God, Mijn God, waarom hebt U Mij verlaten?"* (Mattheüs 27:46, HSV) was niet het einde, maar het keerpunt. Het laatste woord was: *"Vader, in Uw handen beveel Ik Mijn Geest"* (Lukas 23:46, HSV). Zelfs daar bleef Jezus de Zoon — en de Drie-eenheid triomfeerde.

Wat aan de andere kant van het kruis tevoorschijn kwam, was een mens — uit Adams wereld —die de Vader kent en liefheeft. Een mens in wie geen spoor van de val meer aanwezig is. In Jezus Christus kwam het Adamitisch bestaan tot een einde — en begon een nieuw begin.

De dood van Jezus Christus was geen goddelijke straf, maar het laatste "Nee!" van de Zoon tegen Adams leugen en Zijn triomfantelijke "Ja!" tegen de Vader. Het was de radicale besnijdenis van Adamitisch vlees, het omkeren van vervreemding in gemeenschap, de triomf van gemeenschap boven angst. Jezus is geen instrument of boekhouder. Hij is de verzoening zelf — een levend, ademend zoenoffer. De mens uit Adams wereld leeft nu voor altijd in de omhelzing van de Vader, gezeten in de gemeenschap van de Geest.

Waarom stierf Jezus? Omdat de Drie-ene God absoluut weigert ons te laten vernietigen. Omdat de enige weg van de val naar de rechterhand van God liep via de herschepping van het Adamitisch bestaan — door incarnatie, lijden en de kruisiging van alles wat ons scheidde van het leven van God.

HET GOEDE NIEUWS

Zelfs met de dood, opstanding en hemelvaart van Jezus hebben we de kern van het evangelie nog niet bereikt. Als we daar zouden stoppen, blijven we toeschouwers — kijkend vanaf de zijlijn. Ja, het Adamitische bestaan is in Christus omgekeerd, maar het eeuwige doel van de Drie-enige God is pas voltooid wanneer wij worden opgenomen in die eenheid.

Het Nieuwe Testament laat ons Christus niet van een afstand beschouwen. Het verkondigt dat wij met Hem gekruisigd zijn, met Hem opgewekt zijn en met Hem gezeten zijn aan de rechterhand van de Vader. Paulus zegt het eenvoudig in 2 Korintiërs 5:14 (HSV): *"Als Eén voor allen gestorven is, dan zijn zij allen gestorven."* Op een of andere manier werd in die ene mens, Jezus Christus, het hele menselijk geslacht meegenomen en door de dood tot de opstanding gedragen.

De Schrift hint hierop met schaduwbeelden — zoals de hogepriester in het heilige der heiligen, David die Goliath verslaat namens heel Israël, of Adam wiens val de hele mensheid trof. Deze figuren waren voorboden van de grotere werkelijkheid: Jezus, het ware Hoofd van het menselijk geslacht. Paulus noemt Adam een type van Christus (Romeinen 5:14), maar de werkelijkheid is Christus.

Het evangelie rust op deze fundamentele waarheid: een objectieve eenheid tussen Jezus Christus en het menselijk geslacht. In Hem waren wij betrokken. Wat met Christus gebeurde, gebeurde met ons. Onze identiteit, geschiedenis en relatie met God zijn in Hem fundamenteel veranderd. Het Nieuwe Testament vertelt ons wat er met de Zoon van God gebeurde omdat het wil dat wij zien wat er met ons gebeurde in Hem.

Zonder deze verbinding — zonder *"één is voor allen gestorven, dus zijn zij allen gestorven"* — is er geen goed nieuws. Maar daardoor is het evangelie niets minder dan de verkondiging dat de mensheid in Christus gekruisigd, begraven en opgewekt is tot nieuw leven.

Paulus zag het: in Jezus Christus zijn Adams val, zonde en vervreemding — ook die van ons — tot een einde gebracht. Alles werd ter dood gebracht. En toen kwam de opstanding. Als wij met Christus gestorven zijn, wat gebeurde er met ons toen Hij opstond? Petrus zegt het duidelijk: *"Geprezen zij de God en Vader van onze Heere Jezus Christus, Die ons, overeenkomstig Zijn grote barmhartigheid, opnieuw geboren deed worden tot een levende hoop, door de opstanding van Jezus Christus uit de doden"* (1 Petrus 1:3, HSV). De kern van het evangelie is dit: toen Jezus stierf, stierven wij. En toen Hij opstond, stonden wij op — met Hem, tot nieuw leven, daar en toen, 2000 jaar geleden.

Luister naar hoe Paulus het beschrijft in Efeziërs 2:

> *"Maar God, Die rijk is in barmhartigheid, heeft ons door Zijn grote liefde, waarmee Hij ons liefgehad heeft, ook toen wij dood waren door de overtredingen, met Christus levend gemaakt – uit genade bent u zalig geworden – en heeft ons met Hem opgewekt en met Hem in de hemelse gewesten gezet in Christus Jezus"* (vers 4-6, HSV).

Het evangelie is het verbazingwekkende nieuws dat er iets met de Zoon van God gebeurde — en dat er in Hem ook iets met de mensheid gebeurde. Als allen in Adam vielen, wat gebeurde er toen Jezus, de mens geworden Zoon, stierf? Paulus vertelt het ons: *"wij stierven met Hem."* Maar dat is nog maar het begin. Toen Hij opstond, stonden wij op. Toen Hij opvoer naar de rechterhand van de Vader — de plaats van liefde, vreugde en volledige aanvaarding — werden wij met Hem verheven en in Hem geplaatst.

Het evangelie is het goede nieuws van wat er met Jezus is gebeurd en wat er met ons is gebeurd in Hem. In Zijn dood, begrafenis, opstanding en hemelvaart werden Adam, en wij allen, door de dood heen gedragen tot nieuw leven en eenheid met God.

Het kruis was geen losstaande daad als offer, maar onderdeel van een naadloze beweging waarin de Drie-enige God de mensheid greep, onze vervreemding reinigde, nieuw leven in ons blies en ons optilde in de gemeenschap met Vader, Zoon en Geest.

Het is volbracht.[41]

---

41 Volledig hoofdstuk bewerkt uit Baxter C. Kruger, *Jesus and the Undoing of Adam* (Jackson, MS: Perichoresis Press, 2007).

HOOFDSTUK 11

Volmaakt Op z'n Kop

Een Radicaal Nieuwe Blik op Perfectie

Door Dr. Cory Rice

PERFECTIE

Het is een woord dat gewicht heeft. Voor velen voelt het onmogelijk — een onbereikbare standaard die ons het gevoel geeft dat we nooit zullen voldoen. We leven in een wereld die geobsedeerd is door prestaties, waar perfectie vaak wordt gedefinieerd als onberispelijk, morele superioriteit of de afwezigheid van fouten. Maar wat als we verkeerd hebben begrepen wat perfectie daadwerkelijk betekent?

» Wat als perfect zijn niet iets is wat we bereiken, maar iets wat we ontvangen?

» Wat als het niet gaat om streven, maar om rusten in een grotere werkelijkheid?

» Wat als perfectie niet gaat om smetteloze integriteit, maar om iets diepers, iets bevrijdends, iets waarvoor we geroepen zijn om te laten zien?

Dit hoofdstuk is een uitnodiging om perfectie opnieuw te bekijken — niet als een onmogelijke eis, maar als een goddelijke gave. Het gaat om het binnentreden in de werkelijkheid van wie je al bent in Gods ogen. Het gaat om begrijpen dat perfectie niet gaat om morele foutloosheid, maar om liefde, genade en identiteit. Laten we de vreugde en vrijheid ontdekken van het omarmen van de perfectie die al in ons is vanwege Christus.

Heb je ooit een feest meegemaakt waar een 'dansbattle' uitbrak? Als het de juiste groep is, dan is het geweldig om te zien. Als het een middenklasse bruiloft van blanke Amerikanen is, dan is het afschuwelijk.

Maar hoort de wereld christenen dansen? Of horen ze christenen aanstoot nemen, oordelen en protesteren?

Dansbattles zijn een van de redenen waarom ik van films als *Stomp the Yard*[42] hou. Ja, ik weet dat deze film

---
42 Sylvian White, *Stomp the Yard* (12 januari 2007; Culver City, CA: Sony Pictures).

bijna twintig jaar oud is. Maar hij bevat iets waar ik van hou — de vreugde van beweging, ritme en feesten.

In het verhaal van de Verloren Zoon in Lucas 15 hoorde de oudste broer het dansen op het feest dat voor zijn jongere broer werd gegeven. *Hoorde* ze dansen? Joodse dansfeesten in de eerste eeuw moeten wild zijn geweest. Ik stel me graag voor dat Usher, Lil Jon, Ludacris en Snoop Dogg opdoken als het entertainment. Hoe dan ook, ze feestten zo luid dat je het dansen kon horen!

Dat is het soort vreugde dat de wereld zou moeten associëren met gelovigen — onmiskenbaar, aanstekelijk en onmogelijk te negeren. Maar hoort de wereld christenen dansen? Of horen ze christenen aanstoot nemen, oordelen en protesteren?

Volgens mij zouden mensen die Jezus volgen de meest onderhoudende, leuke, creatieve, innovatieve, aantrekkelijke, liefdevolle en genadevolle mensen op aarde moeten zijn.

» Als mensen naar ons leven kijken, willen ze dan de Jezus die wij aanbidden?
» Voelen mensen zich gewaardeerd en bekrachtigd door onze aanwezigheid?
» Creëren we veilige ruimtes voor dialoog en twijfel?
» Lokken we de wereld uit tot jaloersheid—niet door eigengerechtigheid, maar door onze vrijheid, vrede en vreugde?

Dieterich Bonhoeffer zou gezegd hebben: "Jouw leven als christen moet ongelovigen aan het twijfelen brengen over hun ongeloof in God."

Misschien is het tijd voor een verschuiving in perspectief. Misschien hoeven we alleen maar te gaan dansen.

PROSTITUEES

Ik vind het ongelooflijk hoe God in de hele Schrift prostituees bekrachtigt. Rachab, Gomer, Tamar, de Moabitische en Midianitische vrouwen, de moeder van Jefta, de symbolische figuren Oholah en Oholibah, de twee moeders in 1 Koningen 3 en de vrouw met de albasten kruik — om er maar een paar te noemen. De opname van deze vrouwen in de Bijbel bewijst iets revolutionairs: Gods perfectie gaat niet over vlekkeloze moraliteit. Hij weefde hun verhalen in Zijn verlossingsplan en bewees dat genade niet past in religieuze hokjes.

Ons is geleerd dat het claimen van perfectie arrogant is, maar in werkelijkheid is het ontkennen ervan valse nederigheid.

En eerlijk gezegd hou ik daarvan. Want niets verstoort een religieus bolwerk zo sterk als de radicale inclusiviteit van Gods liefde en genade.

Weet je wat nog meer aanstoot geeft aan religieus denken? De gedachte dat God ons perfectie geeft als een gave. Hij eist niet dat we het verdienen, ervoor strijden of onszelf eerst schoonmaken. Het volbrachte werk van Jezus betekent dat jouw mislukkingen niet ongedaan kunnen maken wat Hij al heeft bewerkstelligd.

Colossenzen 2:14 zegt dat Hij onze schuld heeft uitgewist.

Hebreeën 10:17 verklaart dat Hij onze zonden niet meer herinnert.

Psalm 103:12 zegt dat onze overtredingen verwijderd zijn zo ver als het oosten is van het westen.

Johannes 1:29 noemt Jezus "het Lam van God, dat de zonde van de wereld wegneemt" — niet alleen individuele zonden, maar de algehele staat van zonde zelf.

Ons is geleerd dat het claimen van perfectie arrogant is, maar in werkelijkheid is het ontkennen ervan valse nederigheid. Velen lopen rond en zeggen: "Ik ben nog in een proces", maar de waarheid is: je werkt je niet naar perfectie toe. Je bent al perfect in Hem. Jouw reis gaat er simpelweg om dat je leert leven in die waarheid.

Gods volheid woont al in jou. Zijn kracht is al in jou aanwezig. En die kracht — vrijelijk gegeven — komt met de verantwoordelijkheid om haar goed te gebruiken. De Schrift staat vol met mensen die hun door God gegeven gezag verkeerd gebruikten — Mozes, Elia, zelfs David. Maar Gods kracht is niet bedoeld om te beheersen of te veroordelen — het is bedoeld om mensen op te tillen, zonder grenzen lief te hebben en de hemel naar de aarde te brengen.

Jouw daden bepalen niet je perfectie in Gods Koninkrijk. Ze bepalen wel hoeveel van dat Koninkrijk door jou heen stroomt.

Jezus herdefinieerde perfectie. In Mattheüs 5:48 (HSV) zegt Jezus: *"Weest u dan volmaakt, zoals uw Vader, Die in de hemelen is, volmaakt is."* Als we perfectie definiëren zoals religie dat doet, wordt deze uitspraak een verpletterende druk. Maar in context had Jezus net geleerd over het liefhebben van onze vijanden, goed doen aan wie ons kwaad doen en vriendelijkheid tonen die verder gaat dan wat verwacht wordt. Dus, wat voor soort perfectie bedoelt Hij? Dit moet niet worden geïnterpreteerd als een onmogelijke en overweldigende opdracht, waarin we geloven dat we moeten streven naar zondeloze prestaties. In het Grieks impliceert het werkwoord hier een staat van zijn, geen taak om te volbrengen. Jezus gaf geen opdracht tot inspanning; Hij gaf een uitnodiging tot identiteit. Hij nodigde ons uit Hem te weerspiegelen.

Lucas' versie van dit onderwijs (Lucas 6:36) maakt het nog duidelijker: *"Wees barmhartig, zoals uw Vader barmhartig is"* (HSV). Perfectie gaat niet om foutloos gedrag — het gaat om radicale barmhartigheid. Wij zijn volmaakt gemaakt — niet door onze eigen inspanningen, maar door Zijn gerechtigheid (Hebreeën 10:14).

Als Gods perfectie wordt gekenmerkt door barmhartigheid, dan zouden onze levens dat ook moeten weerspiegelen. In Mattheüs 19:21 (HSV) zei Jezus tegen de rijke jongeman: *"Als u volmaakt wilt zijn, ga dan heen, verkoop wat u hebt, en geef het aan de armen."* Jezus demonstreerde dit in alles wat Hij deed: de verschoppeling verwelkomen, zondaars vergeven, gebroken mensen genezen, de armen bekrachtigen. Barmhartigheid is niet slechts een handeling; het is een manier van zijn. Het is mensen zien zoals God hen ziet, reageren met genade in plaats van oordeel en liefde verkiezen boven verwerping. Volmaakt zijn is barmhartig zijn.

DE REINEN VAN HART

In Mattheüs 5:8 (HSV) zegt Jezus: *"Zalig zijn de reinen van hart, want zij zullen God zien."*

Op het eerste gezicht denken we misschien dat reinheid van hart verwijst naar morele perfectie of de afwezigheid van zonde. Maar Jezus had het niet over zondeloosheid — Hij had het over iets veel diepers.

Zuiver van hart zijn betekent vrij zijn van trots, hypocrisie en veroordeling. Het gaat om een hart dat ongedeeld, oprecht en niet aangetast is door eigengerechtigheid. De belofte die aan deze zaligspreking verbonden is, is dat "de reinen van hart God zullen *zien*". Maar wat betekent dat?

Jezus openbaart dat God zien niet alleen gaat over een ervaring na dit leven; het gaat om waarneming nu. God zien gaat niet om fysiek zicht, maar om geestelijk zicht. Het gaat erom te zien door de ogen van God.

Het tegenovergestelde van zien is blindheid en gedurende Zijn hele bediening noemde Jezus de Farizeeën herhaaldelijk blind vanwege hun geestelijke arrogantie.

Hun trots, hypocrisie en oordeelzucht verhinderden hen om God te herkennen — zelfs toen Hij lichamelijk voor hen stond.

In Mattheüs 5:8 verwees Jezus naar Psalm 24:3-4 (HSV): *"Wie zal de berg van de HEERE beklimmen? Wie zal staan in Zijn heilige plaats? Wie rein is van handen en zuiver van hart, wie zijn ziel niet opheft tot wat vals is, en niet bedrieglijk zweert."*

In het Hebreeuws is het woord voor hart 'lev', dat verwijst naar *de kiem van de geest* — onze gedachten, verlangens en intenties. Een zuiver hart gaat dus niet om morele zuiverheid, maar om zien zoals God ziet.

Rein van hart zijn betekent vrij zijn van de vervormingen die ons zicht vertroebelen — onze vooroordelen, onze neiging om te oordelen, onze aannames over wie waardig is en wie niet. Wanneer ons hart zuiver is, is ons zicht helder. In plaats van mensen te zien door de bril van hun fouten of tekortkomingen, zien we hen door de bril van Gods liefde en barmhartigheid.

> *Wij bouwen het Koninkrijk niet — wij nemen er deel aan.*

Daarom geloof ik dat de reinen van hart degenen zijn die leven naar Handelingen 10:28 (HSV), waar Petrus, na een openbaring van God, verklaart: "God heeft mij duidelijk gemaakt dat ik geen enkel mens onheilig of onrein mag noemen." Wanneer we ophouden mensen te labelen op basis van uiterlijkheden of fouten uit het verleden, beginnen we hen te zien zoals Jezus dat doet.

Jezus verbindt *hart* en *zicht* op een diepgaande manier. De gesteldheid van ons hart bepaalt de helderheid van ons zicht.

» Een veroordelend hart zal altijd fouten zien.
» Een zelfrechtvaardig hart zal altijd zondaars zien.
» Een zuiver hart — vrij van trots en hypocrisie — zal God zien. Niet in de hemel, maar in de mensen om ons heen, op de meest onverwachte plekken en op de momenten waar genade en barmhartigheid werkzaam zijn.

Hoe manifesteert perfectie zich?

Het gaat om het begrijpen dat het Koninkrijk van God in ons is. Wij bouwen het Koninkrijk niet, wij nemen eraan deel. Het Koninkrijk is geen aards koninkrijk maar een geestelijk koninkrijk dat de aarde beïnvloedt. Jezus vertelde ons vaak hoe het Koninkrijk van God is. Paulus zegt ons wat het Koninkrijk van God is in Romeinen 14:17: gerechtigheid, vrede en vreugde. Dit zijn gaven en wanneer we ze omarmen, wandelen we in identiteit, erfenis en invloed:

» **Identiteit:** Weten wie je bent. Gerechtigheid is niet iets wat je ontvangt wanneer je stopt met zondigen. Het is een gave. Gerechtigheid is wie ik ben in lijn brengen met wie God zegt dat ik ben. Je bent een zoon of dochter van de Koning der Koningen!

» **Erfenis:** Weten wat je hebt. Er is een verschil tussen een erfenis ontvangen door belofte versus door prestatie. Het gevaarlijkste dat je kan overkomen is dat je trots wordt op je gehoorzaamheid. Zoals de vader tegen de oudste zoon in de gelijkenis van de verloren zoon zei (Lukas 15): "Alles wat van mij is, is van jou." Je wandelt al in de erfenis.

» **Invloed:** Weten hoe je anderen toerust en bekrachtigt. Onze taak is mensen eraan te herinneren wie ze altijd al zijn geweest — Gods geliefden. Je spreekt tot de Zoon in mensen, niet tot de zonde in mensen. Mensen hebben geen zondeprobleem. Ze hebben een geloofsprobleem omdat ze weigeren zichzelf te zien zoals de Vader hen ziet. Wanneer we onze vaste positie in het Koninkrijk van God kennen, vanwege wat Jezus heeft gedaan, stelt dat ons in staat te wandelen in de grootheid waarmee God ons heeft geschapen. Je gedrag bepaalt nooit je positie in het reeds aanwezige Koninkrijk van God. Jezus bepaalt je positie en Hij heeft je al koninklijk verklaard, of je dat nu gelooft of niet. Je gedrag bepaalt wél hoeveel van het Koninkrijk van God door jou heen stroomt. Wanneer je weet wie je bent en welke erfenis je al bezit, zullen gerechtigheid, vrede en vreugde door jou heen stromen naar iedereen die je ontmoet.

DIT IS HOE GROOTHEID ERUITZIET

In een wereld die geobsedeerd is door vlekkeloze uiterlijke schijn, nodigt Jezus ons uit tot een ander soort perfectie — de perfectie van barmhartigheid en liefde jegens anderen. Maar ben je ook barmhartig en liefdevol naar jezelf toe? Wanneer je weet hoe groots je bent omdat een grote God in jou leeft, stromen barmhartigheid en liefde vrijelijk.

Ik schreef dit in dag 21 van mijn dagboek *What If I Told You?*:

> *"Wanneer je de grootheid waarmee je bent geboren niet kunt zien, neem je genoegen met minder dan wat je waard bent. Je geeft God geen enkele eer door jezelf te kleineren."*[43]

In Marcus 10:35-45 lezen we dat Jakobus en Johannes ruzieden over wie de grootste was. We missen vaak de geweldige bijdrage die Jezus geeft op het moment dat Hij zich in het gesprek mengt, over wie écht belangrijk is. Jezus had geen probleem met hun wens om belangrijk te willen zijn. Hij had een probleem met wat zij dachten dat het betekende. Wat opmerkelijk is dat dezelfde discussie over wie de belangrijkste is, tijdens laatste avondmaal opnieuw wordt gevoerd, in Lukas 22. En weer wees Jezus Zijn discipelen niet terecht vanwege hun drang om de belangrijkste te willen zijn. In plaats daarvan liet Hij zien hoe ze dat konden zijn, namelijk door hun voeten te wassen. Ware grootsheid

---

[43] Cory Rice, *Wat als ik je vertelde: Een 21-daagse gids om te weten wie je bent en waarom het ertoe doet* (The Writer's Society, 2023).

bekrachtigt, dient en heeft anderen lief. Grootheid gaat niet om winnen, controleren of bewijzen; het gaat om bevrijden, genezen en herstellen.

> *Grootsheid gaat niet om Jezus volgen om in de hemel te komen. Het gaat over de hemel op aarde brengen!*

Voor de duidelijkheid: Jezus wist dat Judas Hem zou verraden en toch waste Hij zijn voeten. Het volgen van Jezus wordt niet zichtbaar door jouw liefde voor Hem, maar door jouw liefde voor anderen, in het bijzonder jouw liefde voor Judas.

We moeten begrijpen dat we belangrijk zijn omdat er een grootse God in ons leeft. Grootsheid vereist discipline en we moeten het idee om zeep helpen dat grootsheid iets anders zou zijn dan trouw zijn in het dagelijks leven.

» Grootsheid is simpelweg anderen dienen en liefhebben vanuit de overvloed van God ten opzichte van ons.
» Grootsheid zit in jou en het wordt zichtbaar door het liefhebben en dienen van je echtgenoot, kinderen, ouders, vrienden enz..
» Grootsheid is beseffen dat 'normaal' goed is.

» Grootsheid is een aanwezige partner en ouder zijn.
» Grootsheid is zorg dragen voor je vrienden en je verheugen in hun succes, maar er ook zijn als ze een schouder nodig hebben om op te leunen tijdens hun falen.
» Grootsheid gaat over het doen van de miljoenen kleine dingen die samen iets tot een succes maken.
» Grootsheid begint wanneer je stopt met streven naar een positie die je al hebt.
» Grootsheid is bewust zijn van hoeveel God in jou gelooft.

Grootsheid gaat niet om Jezus volgen om in de hemel te komen. Het gaat over de hemel naar de aarde brengen! Het gaat erom dat jij je bewust bent dat je de hemel kan binnenbrengen in elke ruimte waar je komt.

VIER MANIEREN OM IN DE FLOW TE LEVEN

Wanneer je erkent hoe belangrijk je bent omdat een grootse God in jou leeft, zullen barmhartigheid en liefde op vier specifieke manieren natuurlijk gaan stromen.

Je lijkt nooit meer op God dan wanneer je:

1) **Creëert: Gods creativiteit weerspiegelen**

God is de ultieme Schepper en jij bent gemaakt naar Zijn beeld. Dat betekent dat creativiteit niet optioneel is; het maakt deel uit van je wezen. Maar al te vaak smoren angst en kritiek onze creatieve stem.

Laat de twijfels van anderen — of die van jezelf — je er niet van weerhouden iets nieuws in de wereld te brengen. Mensen die creëren, geven mensen die dat niet doen iets om over te praten. Zelfs als wat je maakt niet 'belangrijk' lijkt naar de maatstaven van de wereld, doet het er wel degelijk toe.

Misschien is het kunst, schrijven of muziek. Misschien zijn het kansen die je creëert voor mensen om verbinding te maken. Misschien gaat het om nieuwe gewoonten aanleren voor gezonder, vervuld leven. Wat zit er in jou dat naar buiten moet komen? De wereld heeft nodig wat jij met je meedraagt.

2) Geeft: Leven met open handen

Geven gaat over meer dan geld — het gaat erom dat je je tijd, talenten en energie aanbiedt om anderen vooruit te helpen. Waarachtig geven komt niet altijd gelegen, het is niet altijd in lijn met onze persoonlijke passies, maar het is altijd krachtig.

Soms ziet geven eruit als gulheid met je financiën. Andere keren lijkt het op het inzetten van je vaardigheden om iemand in nood te helpen. Het kan betekenen dat je aanwezig bent voor een vriend die worstelt, of dat je de tijd neemt iemand aan te moedigen.

Hoe het er ook uitziet, geven verlegt je focus van zelfbehoud naar overvloed. Hoe meer je uitgiet, des te meer er terugstroomt.

3) Herstelt: De hemel op aarde brengen

Herstel is het hart van God. Het is hoe barmhartigheid in actie eruitziet. Herstellen betekent waarde terugbrengen waar die verloren is, opheffen wat is neergehaald en waarde zien waar de wereld die niet ziet.

Jezus predikte niet alleen barmhartigheid — Hij *deed* barmhartigheid. Hij genas zieken, voedde de hongerigen en omarmde wie door de maatschappij waren buitengesloten. Herstel is niet alleen een gevoel; het is iets dat we doen.

Wie in jouw leven heeft er bemoediging nodig? Wie is over het hoofd gezien? Waar kun jij een stem van hoop zijn? Leven in de flow van Gods barmhartigheid betekent stappen in de situaties waar heling nodig is en ervoor kiezen te herstellen in plaats van te oordelen.

4) **Zorgdraagt: Rentmeesterschap van wat je is toevertrouwd**

Zorgdragen is niet spectaculair. Het is niet altijd spannend of aantrekkelijk. Maar het is essentieel.

Je hebt heerschappij, kracht en verantwoordelijkheid over wat God je heeft toevertrouwd — je relaties, je roeping, je gezondheid, je geloof. Waar creëren gaat over iets nieuws beginnen, gaat zorgdragen over het onderhouden van dat wat er al is. En onderhoud vraagt werk.

Te vaak onderschatten we de kracht van consistentie omdat het alledaags voelt. Maar zorgdragen is wat een initiatief omzet in bewegingen, ideeën in realiteit en dromen in blijvende impact.

Soms ziet zorgdragen eruit als aanwezig zijn terwijl je daar geen zin in hebt. Soms lijkt het op zorgdragen voor de kleine dingen die niemand anders opmerkt. Maar trouw in het verborgene leidt altijd tot impact op de lange termijn.

Perfectie gaat niet over het bereiken van een standaard — het gaat over het leven in de flow van wie je al bent in Christus. Het gaat over het uitdrukken van Gods barmhartigheid aan de wereld. Wanneer je creëert, geeft, herstelt en zorgdraagt, weerspiegel je de aard van God zelf.

Nu is de vraag die overblijft: Hoe ga jij in de flow leven?

HOOFDSTUK 12

Het Pleidooi voor Universeel Herstel

Een Bijbelse Theologie van de Hel Construeren

Door Keith Giles

Opmerking: Alle vetgedrukte gedeelten binnen de Bijbelcitaten in dit hoofdstuk geven de nadruk van de auteur weer om kernpunten te onderstrepen en het algemene betoog te ondersteunen.

De leer van de Universele Verzoening, of Apokatastasis, is volledig Bijbels. Met andere woorden: het geloof zelf is volledig geworteld in de leer van de oudtestamentische profeten, de apostelen van de nieuwtestamentische geschriften en natuurlijk Jezus Zelf.

Voor velen die deze leer nooit nauwgezet hebben bestudeerd, kan dit als een schok komen, vooral voor hen die eenvoudigweg de vaak herhaalde retoriek vanaf de kansel hebben aangenomen, zoals: "Niemand sprak meer over de hel dan Jezus" of "De Schrift leert duidelijk dat wie Christus verwerpt een eeuwigheid in de hel zal doorbrengen", enzovoort.

Niet alleen zijn dergelijke beweringen vals en misleidend, ze zijn ook inconsistent met wat we in de Schrift zien met betrekking tot Gods reactie op zonde, Gods karakter en natuur zoals geopenbaard door Christus en de expliciete leer van zowel Jezus als de apostel Paulus over het doel van Gods tucht en het doel van Gods uiteindelijke plannen voor degenen die naar Zijn beeld geschapen zijn.

Dit korte hoofdstuk zal proberen enkele van de meest prominente Schriftgedeelten over deze punten te belichten, helaas is er hier niet genoeg ruimte om alle verzen te behandelen die de leer van de Universele Verzoening ondersteunen. Tot nu toe heb ik meer dan zesenzeventig verzen in de Schrift gevonden die de notie van uiteindelijke verlossing voor de gehele mensheid ondersteunen. Daarom zullen we ons best doen de meest relevante teksten te benadrukken binnen de ruimte die we in dit hoofdstuk tot onze beschikking hebben.[44]

Vanuit een puur bijbels perspectief zien we in de Hebreeuwse geschriften, gewoonlijk het Oude

---

[44] Notitie: Mijn boek, *Jezus Onverslagen: Het veroordelen van de valse leer van eeuwige kwelling* (Quoir, 2019), behandelt de meeste teksten die de Universele Verzoening ondersteunen.

Testament genoemd, absolute stilte over het onderwerp van 'eeuwige straf'. Simpel gezegd: de Joodse teksten zeggen helemaal niets over iemand die een eeuwigheid in de vlammen van de hel lijdt als straf voor zijn zonden of voor het verwerpen van Gods getuigenis.

Wat we wél vinden, zijn verzen die ingaan op Gods goedertierenheid die *"voor eeuwig duurt"* (Psalm 136:1), Gods gunst die *"eeuwig is"* (Psalm 30:5), beloften dat Gods verlangen is om *"voor alle volken een feestmaal aan te richten"* en om *"de dood voor altijd te vernietigen"* (Jesaja 25:6-8), dat *"alle volken van de aarde gezegend zullen worden"* (Genesis 18:18; 12:3; 28:14), dat *"elke knie zich zal buigen"* en dat *"heel de mensheid zal komen en de eed van trouw aan God zal afleggen"* (Jesaja 45:21-25), enzovoort.

Sterker nog, we vinden specifieke verzen die Gods belofte verkondigen *"om geen leven weg te nemen, maar plannen te beramen zodat wie van Hem verbannen is niet verbannen blijft"* (2 Samuël 14:14).

We vinden ook tientallen verzen in die oudtestamentische geschriften die keer op keer bevestigen dat uiteindelijk *"heel de aarde U zal aanbidden en voor U lofzangen zingen"* (Psalm 66:4), en *"Want niet voor eeuwig verstoot de Heere! Want wanneer Hij bedroefd heeft, zal Hij Zich ontfermen"* (Klaagliederen 3:31-32, HSV).

Natuurlijk komt de grootste Schriftuurlijke basis voor de leer van de Universele Verzoening uit de nieuwtestamentische geschriften en daarop zullen we ons nu concentreren.

Wanneer sommige christenen de rode letters in de evangeliën lezen, waar Jezus spreekt over *"het komende oordeel"* en de plaats *"waar hun worm niet sterft en het vuur niet uitgeblust wordt"* (Markus 9:48, HSV), of over de onrechtvaardigen die worden weggestuurd *"in de buitenste duisternis"* (Mattheüs 22:13, HSV), of die *"in het eeuwige vuur geworpen worden dat voor de duivel en zijn engelen is bereid"* (Mattheüs 25:41, HSV), nemen ze ten onrechte aan dat Jezus spreekt over waar iemand na de dood naartoe gaat en missen ze het feit dat Hij in elk geval oudtestamentische profeten citeert die een gangbare Joodse onderwijsvorm gebruikten die bekendstaat als 'apocalyptische hyperbool'.

Zoals we al hebben laten zien, hebben die oudtestamentische profeten nooit ook maar één keer gesproken over iets dat lijkt op de leer van eeuwig branden in het vuur. Dus wanneer Jezus taal gebruikt die refereert aan de woorden van Jesaja, Jeremia of de andere profeten, spreekt Hij niet over wat er met iemand gebeurt na de dood. Hij citeert die profeten en gebruikt hun taal om exact te zeggen wat zij zeiden: dat een zeer reële onvermijdelijke verwoesting zou komen, tenzij het volk zijn gedrag veranderde en luisterde naar de waarschuwingen van de profeet.

Dus toen Jesaja Egypte waarschuwde (in Jesaja 19:1, HSV) dat ze de Heere God zouden zien *"rijdend op een snelle wolk"* en dat Hij *"[zou] komen naar Egypte"*, was dat geen letterlijke uitspraak. God besteeg geen 'wolkenpaard' om naar Egypte te rijden. Maar, invallende legers stonden wel degelijk tegen hen op, versloegen hen en namen velen gevangen.

Toen Jezus Jesaja 66:24 citeerde (Markus 9:43-48) en de mensen van Zijn tijd waarschuwde voor het vermijden van het lot waar "hun worm niet sterft en het vuur niet uitgeblust wordt", wisten zij wat Hij bedoelde. Ze begrepen dat Jezus door dat gedeelte uit Jesaja aan te halen sprak over precies hetzelfde soort oordeel dat zou plaatsvinden, niet in een of andere geestelijke realiteit na hun dood, maar in hun eigen levenstijd.

In feite spreekt dat gedeelte waarin Jezus Jesaja citeert over degenen die *"de stad* uit gaan en de dode lichamen zien van de mannen die tegen Mij in opstand zijn gekomen" (HSV). Met andere woorden: zij die in opstand kwamen zijn dood. Ze lijden niet en worden niet gepijnigd. De vuren worden niet uitgeblust omdat — hyperbolisch gesproken — het aantal lichamen bijna eindeloos is en de worm sterft niet omdat — opnieuw — de bron van voedsel, namelijk de dode lichamen, praktisch onuitputtelijk is.

Bovendien is de plaats waar die lichamen worden gegooid letterlijk, in het Grieks, *Gehenna*, wat geen eeuwige geestelijke plaats van lijden is, maar een zeer reële, letterlijke vallei [Hinnom] net buiten de muren van Jeruzalem.

Als je wilt weten hoe God werkelijk is, kijk dan naar Jezus.

Als je eenmaal Jezus' gebruik van apocalyptische hyperbool in de evangeliën begrijpt, kunnen deze vermeende verwijzingen naar eeuwige straf veel gemakkelijker worden begrepen als verwijzingen naar werkelijk lijden door de handen van invallende legers als reactie op de weigering van het volk om zich te bekeren.

De vervulling van die waarschuwingen kwam, precies zoals Jezus voorspelde, binnen de levensduur van Zijn toehoorders — ongeveer veertig jaar later — wanneer de Romeinse legers Jeruzalem omsingelden in 70 na Chr., de Joodse tempel verwoestten, een einde maakten aan de dagelijkse offers en het 'einde van de eeuw' teweegbrachten (niet het einde van de wereld).[45]

Dus, als Jezus nooit actief de leer van eindeloze pijniging heeft onderwezen, betekent dat dan noodzakelijk dat Hij de leer van de Universele Verzoening heeft onderwezen?

Laten we eens kijken of we bewijs kunnen vinden voor uiteindelijke verzoening in de leer van Christus.

Wanneer we de leer van Jezus onderzoeken, vinden we iets opmerkelijks, vooral met betrekking tot Zijn omgang met vergeving, oordeel en barmhartigheid.

Wanneer Jezus zegt: "*Wie Mij gezien heeft, heeft de Vader gezien*" (Johannes 14:9, parafrase auteur), is de implicatie duidelijk: als je wilt weten hoe God werkelijk is, kijk dan naar Jezus. Wanneer we naar Jezus kijken, zien we een God die iedereen vergeeft, altijd, onmiddellijk, zonder

---
[45] Een uitgebreidere verkenning van apocalyptische hyperbool is te vinden in mijn boeken, *Jezus Onverwacht*.

te wachten tot iemand belijdt of zich bekeert of zelfs maar om vergeving vraagt. Jezus verklaart altijd: "je zonden zijn vergeven", tegen iedereen die tot Hem komt om genezen of hersteld te worden.

Zoals nieuwtestamentisch geleerde en auteur David Bentley Hart opmerkt:

> *"Als we van Christus moeten leren hoe God Zich verhoudt tot zonde, lijden, kwaad en dood, lijkt Hij ons weinig anders te tonen dan een koninklijke, nietsontziende en wonderbaarlijke vijandschap; zonde vergeeft Hij, lijden geneest Hij, kwaad werpt Hij uit, en de dood overwint Hij. Absoluut nergens doet Christus alsof één van deze dingen deel uitmaken van het eeuwige werk of de eeuwige bedoelingen van God."*[46]

Jezus verklaart ook in het Evangelie van Johannes 12:32 (parafrase en toevoeging van de auteur) dat Zijn missie letterlijk is om (helkuo in het Grieks) *"alle mensen tot [Zichzelf] te trekken."*

We vinden ook twee behoorlijk schokkende uitspraken van Jezus waarin Hij zegt: "Want ook de Vader oordeelt niemand, maar heeft heel het oordeel aan de Zoon gegeven" (Johannes 5:22, HSV).

En dan voegt Hij, verrassend genoeg, een nog verbazingwekkender bekentenis toe, een paar hoofdstukken later: *"Ik oordeel niemand"* (Johannes 8:15, HSV).

---

[46] David Bentley Hart, *Deuren van de Zee: Waar was God in de Tsunami?* (Grand Rapids, MI: Eerdmans, 2011), 86-87.

Dus, als de Vader niemand oordeelt maar dat aan de Zoon overlaat en als de Zoon zegt: "Ik oordeel niemand," wat betekent dat dan? Wat moeten we doen met beroemde passages waarin Jezus spreekt over de scheiding van de schapen en de bokken in Mattheüs 25:41-46?

> *"Dan zal Hij ook zeggen tegen hen die aan de linkerhand zijn: Ga weg van Mij, vervloekten, in het eeuwige vuur, dat voor de duivel en zijn engelen bestemd is. Want Ik ben hongerig geweest en u hebt Mij niet te eten gegeven; Ik ben dorstig geweest en u hebt Mij niet te drinken gegeven; Ik was een vreemdeling en u hebt Mij niet gastvrij onthaald; naakt, en u hebt Mij niet gekleed; ziek en in de gevangenis, en u hebt Mij niet bezocht. Dan zullen ook die Hem antwoorden: Heere, wanneer hebben wij U hongerig gezien of dorstig of als een vreemdeling of naakt of ziek of in de gevangenis, en hebben U niet gediend? ⁴⁵Dan zal Hij hun antwoorden: Voorwaar, Ik zeg u: voor zover u dit voor een van deze geringsten niet gedaan hebt, hebt u het ook niet voor Mij gedaan. En dezen zullen gaan in de eeuwige straf, maar de rechtvaardigen in het eeuwige leven"* (HSV).

Deze passage wordt waarschijnlijk het vaakst aangehaald door degenen die pleiten voor eeuwige pijniging, omdat het lijkt alsof Jezus de eeuwige duur van hen die gestraft worden gelijkstelt aan de eeuwige duur van hen die beloond worden. We kunnen niet zeggen dat de straf niet eeuwig is, zonder te suggereren dat het eeuwige leven van de rechtvaardigen ook niet zonder einde is. Of kan dat wel? Het woord 'eeuwig' dat hier twee keer wordt gebruikt is het Griekse woord *aionios* en hoewel het vaak gebruikt wordt om een eindeloze duur aan te duiden, wordt het ook regelmatig in de Schrift gebruikt om gebeurtenissen te beschrijven die niet eindeloos zijn, maar slechts 'zeer lang duren'.

Bijvoorbeeld, in de Griekse vertaling van de Oudtestamentische geschriften wordt het Hebreeuwse woord *olam* vertaald met het Griekse *aionios* in Jesaja 32:14-15, waar staat:

> *"Want het paleis zal verlaten zijn, het stadsrumoer zal ophouden; Ofel en wachttoren zullen tot in eeuwigheid [aionios] als grotten zijn, een vreugde voor wilde ezels, een weide voor kudden. Totdat over ons uitgegoten wordt de Geest uit de hoogte. Dan zal de woestijn tot een vruchtbaar veld worden en het vruchtbare veld zal als een woud beschouwd worden"* (HSV, *toevoeging van de auteur*).

Let erop dat, hoewel voorzegd wordt dat het paleis als "voor altijd als een grot zijn zal" (met gebruik van het Griekse woord *aionios*), dit slechts zal duren "totdat de Geest wordt uitgestort", wat betekent dat het niet letterlijk 'voor altijd' blijft, maar slechts 'een zeer lange tijd'.

Er zijn talloze andere voorbeelden waarin de term *aionios* op dezelfde manier wordt gebruikt —om een gebeurtenis te beschrijven die bijna eeuwig duurt, maar niet letterlijk zonder einde is.

Hetzelfde geldt voor het Hebreeuwse woord *olam*, dat meer dan 300 keer in het Oude Testament wordt gebruikt om iets aan te duiden dat zeer lang duurt, maar niet noodzakelijk eindeloos. In minstens twintig gevallen wordt olam zelfs gebruikt om te verwijzen naar gebeurtenissen in het verleden. Daarom worden olam en aionios vaak gebruikt voor gebeurtenissen die zeer lang duren, maar niet noodzakelijk zonder einde zijn.

Zelfs iemand als Francis Chan, die vasthoudt aan de leer van eeuwige pijniging, geeft toe in zijn boek *Erasing Hell* dat zijn vertrouwen in het woord *aionios* als een verwijzing naar iets dat letterlijk eindeloos is, begon te wankelen toen hij besefte hoe vaak de term werd gebruikt voor zaken die niet altijd eindeloos waren:

"De discussie over de duur van de hel is veel complexer dan ik aanvankelijk dacht. Hoewel ik sterk neig naar de kant die zegt dat het eeuwig is, durf ik dat niet met volledige zekerheid beweren."[47]

Maar zelfs als de term *aionios* bedoeld zou zijn om een eindeloze kwaliteit van het vuur in de Mattheüs 25-passages te suggereren, moeten we de aard van het vuur begrijpen als een metafoor voor zuivering en herstel in de Schrift.

Velen van ons zijn zo geconditioneerd om verzen die spreken over mensen die "in de poel van vuur geworpen

---

47 Francis Chan, *Erasing Hell: Wat God zei over de eeuwigheid en de dingen die wij hebben verzonnen* (David C. Cook, 2011), 86.

worden" of "het eeuwige vuur" ondergaan, te lezen alsof dit een staat van eindeloze pijniging of vernietiging is.

Maar is dat hoe het beeld van Gods vuur in de Schrift gebruikt wordt? Helemaal niet.

In het Oude Testament zien we dat God wordt beschreven als een "verterend vuur" dat onze onzuiverheden wegbrandt en ons verfijnt naar het oorspronkelijke beeld van God in ons.

Bijvoorbeeld, in Maleachi 3:2 (HSV) staat over de grote en vreselijke dag van de Heer: *"Maar wie zal de dag van Zijn komst verdragen? Wie zal bij Zijn verschijning standhouden? Want Hij is als vuur van een edelsmid, en als zeep van de blekers."*

Het vuur wordt hier vergeleken met zeep: het vernietigt niet, het reinigt. Dit maakt ook duidelijk waarom Jezus zulke woorden sprak als: "Iedereen zal met vuur gezouten worden" (Marcus 9:49, HSV).

Het vuur verteert niet onszelf, maar de werken die niet in overeenstemming zijn met Christus in ons.

Volgens Jezus ontkomt niemand aan dit vuur van zuivering en de apostel Paulus bevestigt dit in 1 Korintiërs 3:14-15 (HSV, toevoeging auteur):

> "Ieders werk zal openbaar worden. De dag zal het namelijk duidelijk maken, omdat die in vuur verschijnt. En hoe ieders werk is, zal het vuur beproeven. Als iemands werk dat hij op het fundament gebouwd heeft, standhoudt, zal hij loon ontvangen. Als iemands werk verbrandt, zal hij schade lijden. Hijzelf echter zal behouden worden, maar wel zo: als door vuur heen."

De leer is duidelijk: iedereen gaat door het vuur, rechtvaardigen én onrechtvaardigen. Maar het vuur verteert niet onszelf, maar de werken die niet in overeenstemming zijn met Christus in ons.

We vinden ook aanwijzingen over het doel van Gods tucht en oordeel in Hebreeën 12:7-11 (HSV):

> *"Als u bestraffing verdraagt, behandelt God u als kinderen. Want welk kind is er dat niet door zijn vader bestraft wordt?* Maar als u zonder bestraffing bent, waar allen deel aan hebben gekregen, bent u bastaarden en geen kinderen. En verder hadden wij onze aardse vaders als opvoeders, en wij hadden ontzag voor hen. Zullen wij ons dan niet veel meer onderwerpen aan de Vader van de geesten, en leven? Want zij hebben ons wel voor een korte tijd naar het hun goeddacht bestraft, **maar Hij doet dat tot ons nut, opdat wij deel krijgen aan Zijn heiligheid.** En elke bestraffing schijnt op het moment zelf wel geen reden tot blijdschap te zijn, maar tot droefheid. **Maar later geeft zij hun die erdoor**

> *geoefend zijn een vreedzame vrucht van gerechtigheid"* (toevoeging van de auteur).

Laten we even stilstaan bij wat hier gezegd wordt. Allereerst zegt de schrijver van de Hebreeënbrief dat God degene disciplineert die Hij liefheeft en dat deze tuchtiging een aanwijzing is van onze identiteit als zonen en dochters van God. Waarbij hij toevoegt dat wij "allen discipline ondergaan", wat bevestigt dat wij inderdaad allemaal kinderen van God zijn. Vervolgens zegt hij dat de reden waarom God ons disciplineert, niet is omwille van de discipline zelf, noch met het doel pijn te veroorzaken, noch om ons te vernietigen, maar dat God ons "disciplineert tot ons bestwil, opdat wij deel krijgen aan [Gods] heiligheid" en dat deze tuchtiging leidt tot "de vreedzame vrucht van gerechtigheid" voor ieder van ons.

Daarom moeten we, telkens wanneer we lezen over iemand die in de vlammen van de hel of in de poel van vuur wordt geworpen, steeds in gedachten houden dat dit vuur bedoeld is om ons te genezen, te herstellen, te zuiveren en te verlossen, nooit om ons te schaden, te martelen of te vernietigen.

Kort gezegd, Gods bedoeling is, zoals we in verschillende Schriftgedeelten lezen, om "alle dingen nieuw te maken" en om "alles tot Zichzelf te herstellen." Jezus wordt aangekondigd als de "Heiland van de wereld" die voor iedereen tussenbeide treedt — zelfs voor degenen die Hem vermoordden — door te bidden: "Vader, vergeef het hun, want zij weten niet wat zij doen." Niemand spreekt luider en nadrukkelijker over Gods plan om heel de mensheid te verlossen en te herstellen dan de apostel Paulus. Zijn uitspraken behoren zelfs tot de meest onmiskenbaar universalistische in toon van het hele Nieuwe Testament. Hier slechts enkele voorbeelden:

> *"Want dat is goed en welgevallig in de ogen van God, onze Zaligmaker, Die wil dat alle mensen zalig worden en tot kennis van de waarheid komen. Want er is één God. Er is ook één Middelaar tussen God en mensen, de mens Christus Jezus. Hij heeft Zich gegeven als een losprijs voor allen. Dit is het getuigenis op de door God bestemde tijd."* — 1 Timotheüs 2:3-6 (HSV)

> *"Dit is een betrouwbaar woord en alle aanneming waard. Want daarvoor spannen wij ons ook in en worden wij gesmaad, omdat wij onze hoop gevestigd hebben op de levende God, Die een Behouder is van alle mensen, in het bijzonder van de gelovigen. Beveel deze dingen en onderwijs ze."* — 1 Timotheüs 4:9-11 (HSV)

> *"Want zoals allen in Adam sterven, zo zullen ook in Christus allen levend gemaakt worden."* — 1 Korintiërs 15:22 (HSV)

> *"Zoals door de overtreding van één mens de veroordeling tot alle mensen gekomen is, zo is ook door één*

rechtvaardige daad de rechtvaardiging die tot leven leidt, tot alle mensen gekomen." — Romeinen 5:18 (vrije parafrase van de auteur)

"Want het behaagde God dat in Hem heel de volheid wonen zou en dat Hij door Hem alle dingen met Zichzelf zou verzoenen, hetzij wat op de aarde is, hetzij wat in de hemel is, door vrede te maken door het bloed van Zijn kruis." — Colossenzen 1:19-22 (vrije parafrase van de auteur)

"Want God was in Christus, toen Hij de wereld met Zichzelf verzoenende en Hij rekende hun zonden niet aan." — 2 Korintiërs 5:19 (vrije parafrase van de auteur)

We zouden ook wat langer stil kunnen staan bij andere passages uit Paulus' brieven, die evenzeer de leer van de universele verzoening bevestigen op manieren die we misschien niet meteen opmerken. Die vinden we in Filippenzen 2:10-11 en in Romeinen 11.

Laten we beginnen met wat Paulus zegt in Filippenzen:

"Opdat in de Naam van Jezus zich alle knie zou buigen, van hen die in de hemel zijn en die op de aarde zijn en die onder de aarde zijn en alle tong openlijk en met vreugde zou belijden dat Jezus Christus de Heer is, tot eer van God de Vader." — Filippenzen 2:10-11 (bewerkt naar David Bentley Harts vertaling)[48]

---
48 David Bentley Hart, *Het Nieuwe Testament: Een Vertaling* (Yale University Press, 2017).

Let erop dat ik de uitdrukking "openlijk en met vreugde zou belijden" heb benadrukt, omdat onze Nederlandse vertalingen van deze tekst helaas het volle gewicht van het Griekse woord *'exomologeo'* vaak weglaten, dat letterlijk betekent: "openlijk en met vreugde erkennen" en niet slechts "belijden". De tekst suggereert dus dat er een dag komt waarop iedereen — uit vrije wil — graag en vreugdevol zal erkennen dat Jezus Heer is. Dat is vooral belangrijk wanneer we ons realiseren dat dezelfde apostel Paulus in zijn brief aan de Romeinen (hoofdstuk 10, vers 9) bevestigt: "Als u met uw mond belijdt dat Jezus de Heer is... zult u behouden worden."

De andere krachtige passage waarin Paulus even uitbundig bevestigt dat allen gered zullen worden, vinden we in diezelfde brief aan de Romeinen. Maar de meesten van ons missen dit, omdat we gewend zijn die brief op een bepaalde manier te lezen. We realiseren ons vaak niet dat de brief geschreven is met gebruik van de retorische stijlfiguur *'prosopopoeia'*, waarbij de auteur spreekt alsof hij een ander personage is dat een gesprek voert met iemand met een tegengestelde visie. Met andere woorden: Romeinen is geschreven als een denkbeeldig debat tussen de apostel Paulus en een andere stem die, zo je wilt, Saulus de Farizeeër is.

Zodra we begrijpen hoe dit stijlmiddel van argumentatie in de hele brief aan de Romeinen wordt gebruikt, beginnen we op te merken hoe de ene stem een bepaald standpunt verkondigt, dat vervolgens door de volgende stem wordt weerlegd en gecorrigeerd. Het is een voortdurende dialoog tussen de leraar van de Wet en de Apostel van Christus over een belangrijke vraag: *"Zal heel Israël gered worden?"* (zie Romeinen 10)

Terwijl de twee mannen heen en weer debatteren, hun perspectieven geven en hun standpunten verdedigen, mondt het hele gesprek uit in de triomfantelijke conclusie van Paulus de Apostel dat ja, heel Israël gered zal worden, omdat Gods plan is om alle mensen — zowel Joden als heidenen — te redden door Zijn reddende genade aan iedereen uit te breiden. Of, zoals Paulus het formuleert aan het einde van hoofdstuk 11, vers 32 (HSV): *"Want God heeft hen allen in hun ongehoorzaamheid opgesloten om Zich over allen te ontfermen."*

En hoe viert Paulus zijn overwinning op zijn tegenstander in dit lange debat? Door een klein dansje van geluk dat direct volgt op dit vers hierboven:

> *"O, diepte van rijkdom, zowel van wijsheid als van kennis van God, hoe ondoorgrondelijk zijn Zijn oordelen en onnaspeurlijk Zijn wegen! Want wie heeft de gedachten van de Heere gekend? Of wie is Zijn raadsman geweest? Of wie heeft Hem eerst iets gegeven en het zal hem vergolden worden? Want uit Hem en door Hem en tot Hem zijn alle dingen. Hem zij de heerlijkheid, tot in eeuwigheid. Amen."* — Romeinen 11:33-36 (HSV)

Maar Paulus is geenszins de enige apostel die zo krachtig spreekt over Gods uiteindelijke plan om de hele mensheid met Zichzelf te verzoenen. In de brief van

1 Johannes vinden we wonderlijke verzen als: *"En Hij [Jezus] is een verzoening voor onze zonden; en niet alleen voor de onze, maar ook voor de zonden van de hele wereld."* — 1 Johannes 2:2, (HSV, toevoeging auteur).

En in het Evangelie van Johannes: *"[Jezus] is niet gekomen om de wereld te oordelen, maar om de wereld te zalig te maken"* — Johannes 12:47 (HSV, toevoeging auteur).

En in de brief aan de Hebreeën: *"Maar wij zien Jezus met heerlijkheid en eer gekroond, Die voor korte tijd minder dan de engelen geworden was, vanwege het lijden van de dood, opdat Hij door de genade van God voor allen de dood zou proeven."* — Hebreeën 2:9 (HSV)

En in het boek Handelingen: *"Hem moet de hemel ontvangen tot de tijden waarin alle dingen worden hersteld, waarover God gesproken heeft bij monde van al Zijn heilige profeten door de eeuwen heen."* — Handelingen 3:21 (HSV, toevoeging auteur).

Zoals ik eerder in dit hoofdstuk al noemde, zijn er meer dan zesenzeventig verschillende verzen in de Bijbel die luid en duidelijk de leer van Universele Verzoening bevestigen en we kunnen die hier niet allemaal in detail behandelen binnen de beperkte ruimte die we hebben.

Maar door de tijd te nemen om juist deze verzen te delen die Universele Verzoening bevestigen, hoop ik duidelijk te maken dat degenen die deze leer omarmen dat niet doen uit sentimentaliteit, noch door de Schrift te verdraaien om ze te laten zeggen wat wij willen, noch door de Bijbel niet serieus te nemen.

Integendeel, juist omdat wij lezen wat er in de Oudtestamentische geschriften staat, horen wat Jezus Zelf zegt en zien wat er in de geschriften van de apostel Paulus, van Johannes, van Handelingen, van Hebreeën en ja, zelfs van Openbaring staat over Gods uitdrukkelijke verlangen en bedoeling om ieder van ons te verlossen, te herstellen en met Zichzelf te verzoenen — hoelang dat ook moge duren — geloven en onderwijzen wij deze leer.

"Want de poorten van Gods Koninkrijk zijn nooit gesloten en tot hen die buiten de muren zijn roept de Geest: Kom en drink, allen die dorst hebben, van het water des levens dat stroomt uit de troon van God!" (Openbaring 21:22-27; 22:1-5, 17)

Ja, zo goed is God. Zo liefdevol is God. God is nog genadiger en barmhartiger dan wij ons ooit zouden kunnen voorstellen.[49]

---

49 Volledig hoofdstuk bewerkt uit Keith Giles, *Jesus Undefeated: Condemning the False Doctrine of Eternal Torment* (Londen, VK: Quoir, 2019).

HOOFDSTUK 13

Vragen, Vragen, Vragen

Omdat Jezus Meer Vragen Stelde Dan Hij Beantwoordde

Door Jamie Englehart

Kwam Jezus om al onze vragen te beantwoorden, of kwam Hij juist om ons méér vragen te geven? De waarheid is niet zo zwart-wit als ik ben opgevoed om te geloven, en de Bijbel is ook lang niet zo 'duidelijk' over veel dingen als vaak vanaf de kansel wordt geleerd, want het leven zit vol grijstinten. Jezus kreeg in feite meer vragen gesteld dan Hij beantwoordde en Hij stelde zelf ook meer vragen dan Hij beantwoordde. Als je de moeite neemt dit te onderzoeken, zul je ontdekken dat Jezus ongeveer 183 vragen kreeg in de Schrift. Hij beantwoordde er slechts tussen de drie en acht, maar stelde er zelf bijna 340. Jaren geleden werd ik berispt door de directeur van een Bijbelschool omdat ik de studenten diende door hen vragen te stellen. Hij zei: "Je moet het Woord bedienen en stoppen met het bedienen van vragen." Ik antwoordde hem een paar dagen niet, want ik nam het ter harte en wilde niemand schaden of dwaling onderwijzen. Toen vond ik die statistieken, het bewijs dat Jezus méér diende met vragen dan met duidelijke antwoorden. Dus antwoordde ik hem: "Ik houd mij aan HET WOORD, want Hij diende mensen door vragen te stellen." Hij probeerde mensen niet te indoctrineren met wat ze moesten denken, maar hen te leren hoe ze zelf konden denken.

Jezus citeert het grootste gebod onder de wet in Lucas 10:27 (HSV, nadruk toegevoegd): *"Hij antwoordde en zei: U zult de Heere, uw God, liefhebben met heel uw hart, met heel uw ziel, met heel uw kracht en met heel uw VERSTAND, en uw naaste als uzelf."*

Ik denk niet dat dit een vergissing of een verkeerde vertaling is. Hij voegt "verstand" toe, een woord dat niet voorkomt in Mozes' gebod in Deuteronomium 6:5 (HSV): *"Daarom zult U de HEERE, uw God, liefhebben met heel uw hart, met heel uw ziel en met heel uw kracht."* In Johannes 1:1 en 14 gebruikt de geliefde apostel het Griekse woord *logos* — waar ons woord 'logica' en 'rede' vandaan komt — om naar Jezus, de Zoon, te verwijzen. Waarom? Omdat God wil dat wij samen redeneren — Hij is niet bang voor onze vragen.

De juiste vragen stellen resulteert in betere antwoorden.

Rabbijnen uit de eerste eeuw onderwezen niet alleen door antwoorden te geven, maar door vragen stellen, discussie en dialoog aan te moedigen. Ik heb een vriend die bij een Joodse Rabbi studeerde en hij vertelde mij eens dat als je een Rabbi zou zeggen dat je persoonlijke openbaring uit de Schrift had ontvangen, de Rabbi zou antwoorden: "Heb je dan geen vrienden?" Zij interpreteren de Schrift gemeenschappelijk, zoals de Oosterse Kerk dat tot op de dag van vandaag nog steeds doet. Misschien is dat de reden dat de apostel Petrus zegt in 2 Petrus 1:20 (HSV): *"Dit moet u allereerst weten, dat geen enkele profetie van de Schrift een eigenmachtige uitleg toelaat."* Er is wijsheid in een veelheid van raadgevers, ons omringen met anderen die vragen stellen behoedt ons voor eisegese — iets in de tekst lezen dat er niet staat. Jezus, twaalf jaar oud, verbaasde de wetgeleerden in Lucas 2:46-47 (HSV): *"En het gebeurde dat zij Hem na drie dagen in de tempel vonden, terwijl Hij te midden van de leraars zat, naar hen luisterde en vragen aan hen stelde. Allen die Hem hoorden, stonden versteld van Zijn verstand en antwoorden."*

Ze waren verbaasd over Zijn vragen en Zijn antwoorden, want de juiste vragen stellen is wat leidt tot betere antwoorden.

De apostel Paulus noemt het geheimenis dat eeuwenlang verborgen was: "Christus in u, de hoop der heerlijkheid", en het mysterie van Christus die "alles in allen" is. Misschien zouden we minder dogmatisch moeten zijn over onze antwoorden en sommige ervan opnieuw moeten bevragen. Als wat we geloven de toets van vragen niet kan doorstaan, dan moeten we dat geloof niet te stevig vasthouden. Laten we authentiek genoeg zijn om intellectueel eerlijk te zijn over zaken waar we in de Schrift mee worstelen. Deze jongere generatie wordt op universiteiten geïndoctrineerd tegen de Bijbel, waar men die ontrafelt in filosofie- en ethieklessen. Wij moeten leren niet zo defensief te reageren wanneer wij niet alle antwoorden hebben. Ik hoop dat we allemaal geworsteld hebben met Mozes die suggereert dat God aanzet tot genocide, infanticide, het stenigen van kinderen of het tienden geven van maagden. En zo zijn er nog en veel meer geboden, die God minder vriendelijk en moreel lijken te maken dan wijzelf. Misschien moeten we ons meer richten op het worden als Christus, in plaats van te discussiëren over iedere punt en komma van de Bijbel — altijd gelijk willen hebben, altijd anderen willen overtuigen.

We leven nu in het informatietijdperk, maar velen van ons leiders zijn opgegroeid in het industriële tijdperk. Vroeger duurde het meer dan een maand om een boek te bestellen en af te halen bij een christelijke boekhandel, maar nu kan ik op een knop drukken en elk boek binnen enkele seconden lezen. Een van mijn mentoren leerde mij om nooit tegen mijn kinderen of kleinkinderen te zeggen: "Toen ik zo oud was als jij." Ik kan mij wel verplaatsen in wat een jongen van zes lichamelijk doormaakt, maar hij groeit op in een totaal andere wereld dan toen ik zes was. Dat is niet te vergelijken. Ik groeide op in een tijd waarin ouders vaak antwoordden op de vragen van hun kinderen met: "Omdat ik het zeg" en kerkelijke leiders vaak met: "Raak Gods gezalfde niet aan", alsof we in twijfel trokken of iemand wel van God was. De vragen van de jongere generatie lijken veel oudere leiders te bedreigen maar zij zouden die juist moeten omarmen — precies zoals de Joodse Rabbijnen en Jezus leerden — als de meest Bijbelse manier van leren. Dus in plaats van geïntimideerd te zijn, reageer eenvoudigweg met: "Dat is een goede vraag" en geef dan óf een antwoord, óf erken nederig dat je het niet weet. "Laten we dat samen onderzoeken" brengt je een heel eind. Men zal je des te meer respecteren als je eerlijk toegeeft dat je het niet weet.

Ik ben achtenvijftig jaar oud en lijk niet goed te passen in de generatie waarin ik ben opgegroeid, omdat ik altijd vragen stelde en grenzen verlegde. Ik zag geen logica in veel van wat mij geleerd werd en mijn vragende aard heeft mij een verlangen gegeven om te groeien en voortdurend te leren. Toen ik een jonge jongen was in de Pinksterkerk, werd mij verteld dat ik een 'vragen stellende demon' had — een demon die ze trouwens nooit uit mij hebben verdreven — en eerlijk gezegd wilde ik dat ook niet. Ik dacht altijd dat ik met de jaren meer antwoorden zou hebben, maar in plaats daarvan heb ik méér vragen gekregen. Als jonge leider verafschuwde ik mysterie, want "ik heb de Heilige Geest die ons in alle waarheid leidt", verklaarde ik dogmatisch, "dus er mag geen mysterie zijn...", toch? Toen ik ouder werd en nu, na zesendertig jaar voltijdse rondreizende bediening, eenentwintig jaar het leiden van een netwerk van kerken en bedieningen dat mij naar zevenenveertig staten en zesentwintig landen bracht, besef ik dat er zoveel is dat ik niet weet. Hoe meer ik leer, des te meer ik besef dat ik nog heel veel niet weet. Misschien is dit waarom Paulus, als oudere man, schrijft aan de Filippenzen: "*Broeders, ikzelf denk niet dat ik het gegrepen heb, maar één ding doe ik: vergetend wat achter is, mij uitstrekkend naar wat voor is, jaag ik naar het doel: de prijs van de roeping van God, die van boven is, in Christus Jezus*" (3:13-14, HSV).

> *Vrede te midden van het mysterie is belangrijker dan alles begrijpen.*

We hebben allemaal verdriet en rouw meegemaakt, geliefden en vrienden verloren en misschien soms naar God geschreeuwd: "WAAROM? Als U almachtig en alwetend bent, waarom hebt U dit dan niet tegengehouden?" Misschien gaat het leven van Jezus minder over antwoorden en meer over God die als mens neerdaalde in de incarnatie en met ons meeloopt in het mysterie wanneer wij het niet begrijpen. Paulus zegt in Filippenzen 4:7 (HSV): *"en de vrede van God, die alle begrip te boven gaat, zal uw harten en uw gedachten bewaken in Christus Jezus."* Vrede te midden van het mysterie is belangrijker dan alles begrijpen. Jezus, onze Vredevorst, bewaakt onze harten en gedachten te midden van alle vragen, angsten, twijfels en misverstanden. Dus besluit om vooruit te gaan, zelfs te midden van al die vragen. Het is alsof we bang zijn mensen te laten worstelen met God, de Schrift en hun eigen ongeloof, in plaats van veilige plekken te bieden in onze kerkculturen en organisaties waar dat mag zonder angst of oordeel. Ik wil alle leiders bemoedigen om in ieder geval hun harten en gedachten te openen voor de mogelijkheid dat geen van ons God volledig begrijpt. Het is eigenlijk buitengewoon arrogant om te denken dat we dat wel doen. Laten we dus nederig zijn, het mysterie omarmen, blijven leren, afleren en opnieuw leren, want zó is het Koninkrijk.[50]

---

50 Volledig hoofdstuk bewerkt uit Jamie Englehart, "Faith in the Gray: Learning to Lead without Having All the Answers," *AVAIL Journal*, nr. 23 (herfst 2025).

Toestemming om te Dwalen

De Gelijkenis van de 99 Verloren Schapen

Door Martijn van Tilborgh

De eerste keer dat we Jakob 'ontmoeten' (in Genesis 25 en de daaropvolgende hoofdstukken), leren we over de culturele context waarin Jakob opgroeide. De familiedynamiek en religieuze verwachtingen waren, op zijn zachts gezegd, ingewikkeld.

Als gevolg daarvan werd Jakob geconditioneerd om te denken dat de enige manier om toegang te krijgen tot 'de zegen van zijn vader' was door iemand anders te spelen dan hij werkelijk was.

Op de korte termijn leek deze aanpak goed te werken. Hij ontving de zegen waar hij zo wanhopig naar verlangde, maar wel via een web van leugens.

Hij wilde het zo graag, dat hij zichzelf vertelde dat de pijn die hij anderen in dit proces bezorgde gewoon 'de prijs was die daarvoor betaald moest worden'.
Met andere woorden: het doel heiligde de middelen!

> *Weg van 'de kudde' vond Jakob precies datgene waar hij het meest naar verlangde — maar op een manier die hij zich nooit voor had kunnen stellen.*

Het duurde echter niet lang voordat zijn gebrek aan authenticiteit hem inhaalde. Zijn streken groeven een gat voor hem dat al snel te diep zou zijn om uit te klimmen.

Er moest iets veranderen, anders zou dit hem het leven kosten!

De enige mogelijkheid om te ontsnappen aan de 'zekere dood' was zijn 'veilige plek' te verlaten — de plek die hij zijn hele leven had gekend.

Het was beangstigend, maar zichzelf verwijderen uit wat een toxische omgeving was geworden, was zijn enige hoop.

In plaats van de goedkeuring en bevestiging te ontvangen die hij dacht nodig te hebben, bevond

Jakob zich nu buiten de gemeenschap waar hij ooit deel van uitmaakte.

Als een 'verloren schaap' dwaalde Jakob de 'wildernis' in.

En daar, weg van 'de 99', op een plek waar hij dit het minst verwachtte, ontving hij werkelijk 'de zegen van zijn vader'. Door een geestelijke ervaring, op een plek die hij later Bethel noemde, kreeg hij iets dat zijn stoutste verwachtingen overtrof.

Weg van 'de kudde' vond Jakob precies datgene waar hij het meest naar verlangde — maar op een manier die hij zich nooit had kunnen voorstellen.

Verrast door zijn ervaring riep hij uit: "Voorwaar, de HEER is op deze plaats en ik was het mij niet bewust."

Wow, het was bijna alsof Jakob beloond werd voor zijn slechte gedrag!

Dit alles doet je afvragen wat het nu eigenlijk was in Jakob dat 'de zegen van God aantrok'.

Misschien ging het meer om Jakobs moed om zijn 'culturele comfortzone' te verlaten dan om zijn 'wangedrag'.

Terwijl ik hierover nadacht, stelde ik mezelf een vraag.

Is het mogelijk dat Jakob gewoon een spiegel is die ons een ware weerspiegeling van onszelf laat zien?

Zou het kunnen dat we allemaal een beetje als Jakob zijn, in die zin dat we onszelf voortdurend met anderen vergelijken terwijl we doen alsof we op hen lijken om goedkeuring te ontvangen?

Doen wij ook 'de kleren van onze broer aan' en 'bedekken wij onze armen met vacht' om 'onze vader' te misleiden en zijn zegen te krijgen?

Ik weet dat ik hier schuldig aan ben geweest en ik ben er zeker van dat ik niet de enige ben!

Misschien is dat gewoon onderdeel van ieders reis. We missen allemaal authenticiteit wanneer we net beginnen in het leven. We imiteren allemaal anderen in een wanhopige poging om 'goddelijke' (en menselijke) goedkeuring te krijgen.

We kunnen daar niet in blijven hangen!

Misschien moeten we overwegen dat God ons aanmoedigt om 'af te dwalen' van de rest van de schapen om te ontdekken wie we werkelijk zijn.

We zouden tenminste moeten overwegen dat bij de kudde blijven misschien alleen maar onze onechtheid in stand houdt, of zelfs versterkt.

Want als dat waar is, krijgt de gelijkenis van het 'verloren schaap' een volledig andere betekenis (een beetje zoals die groene, kwaadaardige heks uit de film *Wicked*).[51]

Misschien was dat 'verloren schaap' helemaal niet zo verloren als wij denken.

Misschien waren, verrassend genoeg, 'de 99' degenen die verloren waren. Of die, op zijn minst, vastzaten op een plek die hen aanmoedigde iets te zijn wat ze niet waren.

---

51 Jon M. Chu, *Wicked* (November 22, 2024; Universal City, CA: Universal Pictures).

Misschien zijn niet allen die dwalen verloren!

Er is iets dat ik heb waargenomen in 'religieuze cultuur'. Hoe meer je 'erin zit', binnen die specifieke religieuze cultuur, des te meer je op de anderen gaat lijken die er ook 'in' zitten. Je gaat hetzelfde doen, hetzelfde praten, hetzelfde kleden.

Je weet wel waar ik het over heb.

Zijn 'de 99' opgehouden nieuwsgierig te zijn?

Hebben ze genoegen genomen met de tweede (of derde) plaats?

Misten ze de moed (of het verlangen) om een werkelijkheid buiten hun comfortzone te verkennen?

Was het 'verloren schaap' gewoon gefrustreerd door 'hetzelfde oude leven binnen de kudde'?

Was hij simpelweg moe van 'doen alsof'?

En was dat misschien een goede zaak?

Het lijkt er in ieder geval op dat de herder meer aangetrokken werd tot het 'verloren schaap' dan tot de rest van de kudde. Zozeer zelfs dat hij de 99 onbeschermd achterliet in de open velden, vastbesloten om het 'verloren schaap' te ontmoeten in zijn tijd van nood.

De Schrift vertelt ons zelfs dat de herder "BLIJER *was met dat ene schaap dan met de 99 die niet afdwaalden*" (Mattheüs 18:13).

Dit alles geeft ons met iets om over na te denken...
en dat is...?

Misschien zijn niet allen die dwalen verloren!

Misschien is dat de echte uitnodiging — om niet tevreden te zijn met het comfort van de kudde, maar om de moed te hebben de vragen, de onrust en de honger in je ziel te volgen. Dit boek heeft je misschien een paar hulpmiddelen gegeven, een handvol sleutels, of een frisse manier van kijken, maar ze zijn puur bedoeld voor de weg die voor je ligt. Je bent niet bedoeld om hier te blijven. Je bent vrij om buiten de hekken van wat je hebt gekend te stappen, om de veelzijdige God te zoeken op onbekende plekken die je vragen om je 'zekerheden' los te laten. Dezelfde God die tegen Mozes zei: *"Ik ben die Ik ben"*, weigert nog steeds om netjes binnen onze definities te passen. Hij zal zijn wie Hij zal zijn terwijl je gaat en Hij zal Zichzelf openbaren op manieren die je niet had kunnen voorzien.

Dus ga je gang. Dwaal. Zoek. Let op de momenten die je doen zeggen: "Voorwaar, de HEER is op deze plaats, en ik was het mij niet bewust." Vertrouw erop dat de Herder niet zenuwachtig is over je reis — Hij verheugt Zich erin. Net als Mozes zul je ontdekken dat, de God die was en de God die is, slechts het beginpunt zijn; er is ook de God die komen zal. Dit is de God die je uitnodigt in het zich ontvouwende verhaal, een God die je zowel binnen de kudde als ver daarbuiten ontmoet, waar het pad niet gemarkeerd is en het landschap voortdurend verandert.

Want misschien — heel misschien — is de volgende stap die je buiten de kudde zet precies die stap die je oog in oog met Hem brengt. De veelkleurige God zal je daar ontmoeten, niet met het definitieve antwoord, maar met een open uitnodiging om te blijven ontdekken. En in die ontdekking zul je misschien realiseren dat het juist ging om het dwalen met Hem, dat was de bedoeling, al die tijd.

www.ingramcontent.com/pod-product-compliance
Lightning Source LLC
Chambersburg PA
CBHW070531090426
42735CB00013B/2948